天下文化
BELIEVE IN READING

社會人文 BGB475

你知道的遠比你想像的少。

王力行——著

目錄

你知道的遠比你想像的少

第二部　專訪時代的經典人物

自序
世界變了，你要如何自處？

一位美國作家曾經說過，人類幾世紀以來最具道德爭議的問題，在十九世紀是「奴隸制度」，二十世紀是「極權主義」，到了二十一世紀，就是「貧富差距」。

貧富差距背後一隻看不見的推手，是科技。

人類邁向千禧年，科技改變了大家的生活、生命、生存。掌握資訊科技的人，獲得教育、知識、財富、地位和影響力；掌握生物科技的人，擁有高生活品質、延續生命的能力、改善健康的能力。

以色列歷史學家哈拉瑞（Yuval Noah Harari）在《21世紀的21堂課》

（*21 Lessons for the 21st Century*）中分析，十九世紀和二十世紀，三種主義：法西斯主義、共產主義和自由主義並存。後來前二種主義相繼崩潰，只剩下自由主義。然而資訊科技和生物科技的革命和盛行，也摧毀了自工業革命時期建立的自由主義機制，讓現代民主政治、社會公平正義無力招架。

於是美國選出川普總統，英國放膽脫歐，智慧包容的德國總理梅克爾下台。全球保護主義、種族意識興起，「美國第一」的貿易戰、科技戰正遍地開花。當年現代社會追求的自由繁榮精神：健全福利、提升教育、包容移民、公平稅制的開放社會，如今一一消失。

這樣的迷惘沉淪，正如《預約五百年》（*The 500 Year Delta*）一書中所指出的：人類歷史如大河直奔而下……我們就處在從秩序到脫序，從經驗到創新，從理性到混沌，加速的大河沖擊攪拌的世界。

台灣，當然不可能脫離這個「沖擊攪拌的世界」。三十年來，政黨輪替、兩岸交流、科技改變生活、文化多元開放。當然，也帶來了價值觀混亂、政黨對立、媒體亂世……。

記得一九九七年訪問新加坡開國總理李光耀：「面對二十一世紀，亞洲國家應如何跟西方先進國平等共處？」李資政回答：「目前西方國家潛意識裡仍帶有優越感，自認為有權稱讚或指責我們。只有越來越多受過高等教育的人，能夠與西方國家平等對話，他們的態度自然會改變。」

這本書記錄了這些年來，做為媒體人，盱衡世界的轉動，近觀身邊的變化，所思所感，與讀者共勉。

第一部

探索

變動中的時代

現代科技的革新，徹底改變了人們的生活，
各種超越人們想像的改變，正在不斷發生。
面對未來，唯有持續學習新知，
更了解自我，確立對的價值觀，
才能掌握羅盤，持續探索各種可能。

成全不了別人，成就不了自己

科技太快，遲到的你怎麼辦？

十多年前，《世界是平的》（*The World Is Flat: A Brief History of the Twenty-first Century*）作者湯馬斯．佛里曼（Thomas L. Friedman）在書中描述：一個美國媽媽告訴孩子，「你要好好念書，將來才不會被中國孩子搶走飯碗。」這是全球化的結果。

最近佛里曼又出新書，警告企業：「你要害怕，要非常害怕，」「每個企業主一早起來先看新聞，看哪些公司倒下了，默念自己不會被『超新星』融化。」這是科技顛覆人類生活的結果。

《謝謝你遲到了》（*Thank You for Being Late: An Optimist's Guide to*

Thriving in the Age of Accelerations）是三座普立茲獎得主佛里曼最新著作，他以記者敏銳觀察、勤奮的全球採訪、細膩分析，為全球讀者指出改變的大方向。

每年的世界經濟論壇（WEF）是討論全球經濟發展的最大舞台。一位經常參與的國外朋友說：「許多國家重要經濟政策、產業未來趨勢都會利用這裡露出。」果然二〇一七年第一次出席大會的習近平，發表中國捍衛全球化的開放政策。他說：「保護主義，只是把自己關入黑屋子，看似躲過了風吹雨打，但也隔絕了陽光和空氣。」

世界經濟論壇創辦人施瓦布（Klaus Martin Schwab）將這些年的議題整合，出版為《第四次工業革命》（*The Fourth Industrial Revolution*），總覽近年科技革新，如AI（人工智能、人工智慧）、機器人、物聯網、3D列印、區塊鏈、生物科技突破等，預測全球正爆發「第四次工業革命」。

現代科技的革新，徹底改變人類生活。到了二〇二五年，會看到比鋼強二百倍、較人髮細一百萬倍的奈米科技應用到商品，3D列印肝臟移植的首例會出現，在美國公路上無人駕駛車占一成。

進入這樣的年代，打工仔飯碗被機器人取代，企業隨時被顛覆，世界資源分配會愈來愈不均。

超新星，做到無所不能的事

第四次工業革命帶來的衝擊，正與佛里曼書中的分析不謀而合：人類只有少數幾種能源能改變世界：火、電與運算，而雲端運算比前二項更強猛深遠，因為它可以思考、可以連結；它爆發的運算能力被稱為「超新星」（the supernova）。

「超新星」正釋放大量能量，增強機器的能力、個人能力、意念流。

使機器有人的感官知覺、能思考、能辨識，成為「超人」。加上速度流轉超強擴展，只要人人相連、物物相連，可無所不能完成的事，到了令人咋舌的地步。

這種超越人們想像的改變，難怪不斷有「黑天鵝事件」出現。「黑天鵝事件」是指原以為不可能的事竟然發生了。二〇一六年，許多人戲稱是「黑天鵝年」，英國脫歐成功，川普當選美國總統；美國的資本主義竟然要走向保護主義，而中國的社會主義更走向資本主義。

全球化與科技化是近年來世界不容忽視的二道閃電，它震撼的力道既強又快。人們身歷其中，如何應對？佛里曼在書中提出兩個遠見建議：一是終身學習（lifelong learning），一是增長技能（skills growth）。世界變化如此快速，昨天學到的知識技能，明天就會成為廢料。好有一比：拳擊手能靠十年前吃的一塊牛排，維持體力打出好拳嗎？

有了ＡＩ，人生還有意義嗎？

「互聯網現在只是開胃菜，真正的主菜是ＡＩ！」二〇一七年四月一日在深圳ＩＴ領袖峰會上，大陸ＢＡＴ（百度、阿里巴巴、騰訊）三大巨頭李彥宏、馬雲和馬化騰，正如火如荼地討論未來科技。

馬化騰認為：「人工智能有可能超越人類現在發現的知識。」

他的話一點也沒錯。就拿人腦和電腦比賽圍棋為例，「趨勢科技」創辦人張明正做過實驗。他的團隊加上東華大學的科研人員，請了日本圍棋本因坊王銘琬一起合作，「試著用圍棋的頭腦來做」，看看電腦能否贏過人腦。王銘琬是圍棋高手，他們把所有過去二、三十萬個五、六段圍棋譜放入；也就是棋術加經驗加科技。

第一年，他們獲得ＵＥＣ杯電腦圍棋大賽第六名。但是二〇一六年四月，Google的AlphaGo出現，和韓國李世乭（音同「石」）比賽，AlphaGo贏了。這真是一次大驚嚇！

「電腦怎麼可能做出我們不知道的事情？」「人類的知識、經驗不重要了嗎？」張明正這樣質疑和體認。

不懂圍棋的AlphaGo，利用「深度學習」（Deep Learning）和蒙特卡羅演算法（MCTS），下了三千萬盤棋後，有了關鍵性的突破。這正是ＡＩ的厲害處。

事實上，ＡＩ、機器學習已發展超過二十年，最近的大突破，是拜資料集中到雲端、資料運算法精進，而資料的搜集靠人們普遍使用行動手機，和大量運用在各種生活上。

深度學習＋大數據＝人工智慧

出生於台灣、學習在美國、投入科技前端發展在大陸的李開復，在《人工智慧來了》一書，深入淺出地告訴我們：深度學習＋大數據＝人工智慧。

這個方程式正反映在圍棋的人機大賽上。二〇一六年三月，透過直播，李開復和大陸棋聖聶衛平九段一起觀戰，他說：「AlphaGo和李世乭的一盤棋，將普通人一下帶入科技最前端。」

深度學習應該是AI擊敗人類的祕密武器。什麼是深度學習？簡單說，就是把電腦要學的東西當成一堆資料，丟進一個複雜的、含有深度的處理網路；經過處理後的結果如果符合要求，就保留，如果不符，就一次次鍥而不捨調整，直到做出要的答案。

書中有李開復個人的經驗，如「我挑戰圖靈測試的故事」「生不逢時的我」；有產業的故事，如「谷歌大腦：世界最強大的深度學習集群」「深度學習『三巨頭』和傳奇的辛頓家族」「霍金的憂慮」；還有未來的應用，如「什麼工作最容易被ＡＩ取代？」「自動駕駛的普及：中國有機會扮演關鍵角色」「智慧金融：ＡＩ是最被看好的落地領域」。

最關鍵的是談到：「有了ＡＩ，人生還有意義嗎？」

李開復列舉樂觀者和悲觀者不同的看法。他自己稍偏樂觀，他說這也許是「造物者」的善意或人類集體意識的英明決策。ＡＩ的出現，「一邊釋放巨大生產力，免除繼續做繁冗工作之苦；一邊又在可能出現大量失業時提醒人類：你該往前走了！」

數據科技改變了未來

「世界正從ＩＴ轉向ＤＴ；ＩＴ是信息技術，ＤＴ是數據技術。」二〇一七年九月二十日，阿里巴巴創辦人馬雲在紐約彭博世界經濟論壇上，和企業界分享他對未來的思考。

數據技術為什麼那麼重要？它為什麼能影響人們的生活？

同年九月份應邀來台的麻省理工學院媒體實驗室主持人潘特蘭（Alex "Sandy" Pentland），是全球有影響力的數據科學家之一，他在《哈佛商業評論》（*Harvard Business Review*）中文版週年慶中演說，談「社會物理學的企業運用」。

潘特蘭說「社會物理學在二百年前就有了，它是用資料和統計學來了解社會和人的行為」，亞當．史密斯在提到「市場那隻看不見的手」時，是假設人是理性的，是不受別人的影響。事實上人是非理性的，沒有人不受別人影響。因此在購買行為中，價格可能不是最重要的；同儕之間的互動，彼此想法、習性相同，才可能讓他們選擇相同物品。

這位跨領域學習的專家，大學時學的是物理、電腦，後來取得心理學博士。他用科學方法去分析人類互動關係。例如他可以根據某一地區，每個人在一天內談話的人數，預測出當地的GDP，甚至孩童的死亡率。他也可以用一個地區的交通狀況差、人們互動來往少，來預測出此區失業率較高。

對企業行銷而言，傳統的市場區隔是以性別、所得、年齡和教育程度來分。潘特蘭的研究卻提醒了人們這是不管用的。

將跨領域資訊數據化，解讀客觀事實

「你去吃飯、買衣服、看電影的地方是不是常常相同？」事實上我們常去的地方是九成以上其他人不會去的。中國人說的「物以類聚」，也就是偏好相同、行為模式相同的人，會常在相同地方出現，且彼此學習模仿和影響。「如果你能用這些指標來預測銷售，效果會好三倍。」潘特蘭說，「大數據研究可以幫助人們更客觀的去解讀現實。」

潘特蘭主持的實驗名為「連結科學和人類動力」，他帶領的學生成為運算社會學、可穿戴式運算、圖像理解與現代生物識別領域的先驅。

他做過的研究也十分有趣，他在二〇〇八年探討蜜蜂如何在組織中流動，達成集體決策。這對企業決策極有啟發。二〇〇九年他又做了一項研究，幫一場參加酒會的高管配戴裝置，記錄他們的社交訊號：包括說話聲調、手勢和如何接近別人。目的是要測出哪些人特別有推銷能力。有趣的發現是：充滿活力手勢、和每個人都接觸談話、說話簡潔討喜的人，特別具有推銷力。

潘特蘭曾經以相同的社交訊號資料，預測出薪資談判結果。甚至他還在帶領美國太空總署的角色扮演練習中，預測過當飛機失事時，哪些人可以「生還」。

大數據運用和分析在巨變時代下，已成為企業的顯學，它的創新是源自於理性的自然科學和非理性的人文社會科學的融合。開放、跨界的「混種」人才，是適應數據科技來臨的要角。MIT的潘特蘭教授正是代表人物之一。

你的工作不見後怎麼辦？

「假如政府無條件的保障你有基本收入，你還會去工作嗎？」

德國基本收入協會向專案經理、一般市民提出這個問題。得到的答案是：六〇％說「還會工作，不會改變」；三〇％的回答「不再做全職工作」或「會做不同的事」；有一〇％會「回學校再學習、去旅行、照顧家人」。

這個看似假設性的問題，事實上近十年已在歐洲，包括德國、瑞士持續研究；二〇一六年荷蘭在烏特勒支市做「社會實驗」。加拿大、印度都做過小規模實驗。「無條件基本收入」（Universal Basic Income, UBI）的概念，是讓每位十八至六十四歲的公民，不管有沒有工作，都可以領到薪水。例如芬蘭是每人每月六百美元；加拿大每人年薪一萬二千六百美元。

實驗結果出乎大家意料：政府無條件給基本生活費後，仍然工作的人數還不少；不工作的人選擇去學習、義務改善環境、服務大眾。因此，市民普遍教育水準提高、衛生狀況改善，儲蓄也增加。

二〇一七年五月，臉書創辦人祖克伯在哈佛大學畢業演講中也提出，「應該探討像『無條件基本收入』這樣的觀念，讓每個人都無後顧之憂，」這樣年輕人可以嘗試新事物，找到自己存在的意義和社會角色。

同年十月在德國法蘭克福國際書展中，有一本《還富於民——無條件基本收入使世界未來更好？》（*Give People Money: How a Universal Basic Income Would End Poverty, Revolutionize Work, and Remake the World*）的新書推出。作者安妮・勞瑞（Annie Lowrey）畢業於哈佛大學、現為《紐約時報》（*The New York Times*）經濟專欄作家，長期觀察

工業革命、科技進化變遷，書中分析自動化、AI發展，以及未來機器取代大量工作後，人將如何自處？「無條件基本收入」是否是解決方案之一？

資本主義垮台，資源共享將興起

這個前衛觀念的討論和實驗有一個大前提，就是傳統的經濟體系會崩潰，未來將有一個新經濟體系出現。

英國經濟新聞主編梅森（Paul Mason）在《後資本主義：通往未來之路》（*PostCapitalism: A Guide to Our Future*）一書中指出：「資本主義帶來貧富差距、資訊壟斷與金融權力的擴張，快要走到末路了。」

他在書中分析，二〇〇八年的金融危機並未完全結束，「人們低薪要享受高消費的心態，讓銀行運用貸款和信用卡去繼續創造利潤。」

另一個危機是，進入資訊時代，發明臉書（Facebook）的重要性根本比不上蒸汽機的出現；「資訊資產和實質資產是不同的。」

他預測新經濟體系出現後，未來「金錢不再是核心，人人能共享產品、資訊和知識。」

梅森說：「無條件基本收入是未來新經濟體系的關鍵；它不會讓人惰於工作，那些熱愛工作、薪資優越的人可以繼續工作；相反的，另一種人不再需要去做機器做的事，更可發揮所長，照顧更多人。」

未來的新經濟體系會否出現？「無條件基本收入」能否讓人類更幸福、社會更公平美好？都還要拭目以待。

數位轉型是企業共同困擾

這些年來，好多朋友關心媒體、出版的發展，頻頻問：紙張消失，你們的雜誌和書怎麼辦？甚至剛畢業的應徵同學會問：公司未來的數位發展如何？

其實，數位發展和哪個產業無關，今天各行各業都有「數位轉型」的問題和困擾。

自從一九九九年，三位哈佛大學管理學者提出「破壞式創新」開始，就點出進入數位化時代，科技引領企業的翻轉。二〇一七年四月，《哈佛商業評論》就報導，MIT（麻省理工學院）剛做完全球一千位執行長

CEO的訪談（組織規模各異，遍及一百三十一個國家、二十七種產業），九〇％執行長認為自己企業正遭商業模式破壞，七〇％認為自己沒有因應辦法。

具體的例子，是電子商務擊垮了百貨公司、商場，眼看著阿里巴巴的淘寶上，什麼都可以買，還需要去超市、雜貨店嗎？Google的出現奪走了媒體大部分的廣告業務，還不需負擔內容成本。

一個台灣知名金控集團，到了大陸參訪同業，才發現「我們說的FinTech（金融科技），大陸完全是另一番想像。」這顯現我們是細枝末節，他們是大樹成林。

驅動轉型兩大引擎：思維與行動

全球知名麥肯錫顧問公司提出的報告，過去十年台灣企業創造的經濟利潤，占全球比由五%降到三%。主要原因是我們數位轉型太慢。

全球的企業領導人都焦慮自身的數位轉型，都迷惘不知如何轉型。從管理學者和刊物文章中，我約略看到一些和自己行業相關的分析：

- 不是聘請一位數位長，就能解決公司的問題，要執行長自己帶領。
- 數位轉型不只是做數位（do digital），還要有數位思維、數位行為（act digital）。
- 數位轉型的目標是成長，當你原有業務萎縮時，數位轉型要有更大的新業務。
- 追求數位成長，一定要有可獲利的商業模式。
- 數位轉型是要增加企業價值，你要先界定在哪個領域轉型？它可以是：增加客戶參與、提升數位產品和服務、加強營運績效，或準備破壞式創新。

美國博森顧問公司創辦人喬希．博森（Josh Bersin）舉過一個案例。他說美國有一個成長迅速的大媒體，面對數位轉型，它擺脫傳統由上而下的管理模式和組織；它依地區分成不同的小型單位，每個單位自行負責產品與服務、業務和人力。主要是各區域的讀者和業務客戶各不相同。

這樣的小媒體更能聚焦和深耕，增加內容與服務的強度。「要各單位主持人對讀者和客戶的反應負責」，也就是內容的影響力取決於讀者和廣告客戶是否買單。

總公司透過即時行動資訊平台來溝通；主要的功能性部門，則提供共享服務，包括客服、人才招募訓練。「最重要的是建立集體、透明和深度共享的文化。」博森強調共享文化是成功關鍵。

台灣趕不上世界潮流，恐怕市場太小、資源不足也是重要因素；媒體尤是其中代表。

內容不能白吃午餐，知識一定要能付費

二〇一五年秋天，《紐約時報》專欄作家佛里曼在矽谷「線上大學」優達學城（Udacity）總部，用Skype訪問一位黎巴嫩女學生。這位三十歲的網路設計師，從優達學城習得最新網頁設計，很快服務她在英國、澳洲的客戶。她付很少的學費。

二〇一五年十一月，中國大陸紅透半邊天的知識脫口秀「羅輯思維」的負責人羅振宇，在營運了四年後，宣布重大改版。他把每週影音視頻改成每天純聲音播出，把平台改成App播送，時長五至八分鐘。這次改變的最大關鍵，是「知識內容」已從吸引流量的角色，轉為可以直接變現。

當科技不斷突破、商業持續創新，以內容、知識為主的產業，如媒體、出版、娛樂、教育……被全面推向一個不可知的未來：不知道未來方向在哪裡、不知道未來產業是否會消失、不知道未來工作能否保住。

花錢花力踏實製作內容的人，收不到錢；而提供技術平台和創新模式的公司，則大量吸引資金和人才。「內容變現、知識有價」能否成為一塊救生浮木？

「內容付費在這個行業是問題嗎？從來就不是。」羅振宇振振有辭地說，二千多年前，孔老夫子上課，學生就要奉上束脩，學生要付學費，買書也要花錢。

過去「羅輯思維」經常推介好書，羅振宇認為，「賣書是什麼，就是內容付費。」他相信，使用者一直是願意為知識付費的。

有品質的內容，能吸引需要知識的人

只是在現代社會，知識服務與知識付費更要符合消費者真正的需求，要理解社會氛圍的變化。

譬如這個社會，人的時間是碎片化，碎片化的學習需要什麼樣的型態？在上班途中、在等公車時、在捷運車上，手機就比筆電方便。

譬如學習是一輩子的事，大學畢業後不到幾年，你就得學新技能，否則無法應付未來工作。你得從書中有系統的學到知識，那麼聽聲音是否比看視頻更方便？

如果你能把知識整理得更容易吸收、更方便使用、更與時俱進、更打動人心、更無可取代，需要知識的人就願意付費。

事實上，二〇一六年，中國大陸「內容付費」的網路產業如雨後春筍，因為免費資訊爆炸，良莠不齊的訊息已使人生厭，垃圾級的內容浪費時間。有品質的內容，如「一條」、「十點讀書會」、「羅輯思維」、「12缸汽車網」等新創媒體，就頗得好評，廣受創投的青睞，成為提升人們品質的推手。

有人說，一個國家投資教育，絕不會破產；一個社會重視知識，絕不會腐敗；一個人終身學習，絕不會落伍。當追求知識成為全民共識，當網路內容回歸知識本質，當知識付費，不再白吃午餐，科技帶來的「物理技術」才不會和「社會技術」落差太大。這正是佛里曼在專欄中提到的「如何弭平焦慮鴻溝」的方案。

投資年輕人學習，就是投資自己的未來

一位二十年前退休的朋友告訴自己：「所有新東西都不碰，那些年輕人的玩意兒我這輩子也用不上。」他不用手機，不上網，不懂臉書、LINE。後來他發現：不用這些科技產品，就變成孤獨老人。

時光巨輪從不停滯，科技創新在巨輪轉動中，把人類帶入另一個世界。二〇〇〇年時，訪問新加坡總理李光耀，他說：「未來凡是投注大量人力，主宰新科技的國家，將成就非凡；凡是迅速學習適應，使用新資訊和知識的人，將大有斬獲。」

阿里巴巴負責人馬雲近年來不斷演講出書，說「未來已來」，意思是在分秒中現在已成過去。「過去的三十年，我們把人類變成『機器』；未來二、三十年，我們將把機器變成『人』。」

自二〇一二年以來，在IBM長期擔任CEO的羅梅蒂（Virginia Rometty）曾接受《哈佛商業評論》訪問，表示她甘冒營收二十個季度衰退的威脅，頂住股王巴菲特出脫三成IBM股票的壓力，毅然出售仍在賺錢的事業部，轉向雲端、數據資料。她說：「不要再保護過去！」

不要再保留過去的思維，不要再保護過去的成就，說來容易，做到難。這是一個大工程，這個工程最大的基礎仍是「學習」。

英國《經濟學人》（*The Economist*）半年內兩度以封面專題探討未來學習：〈終身學習：如何在自動化年代活存〉〈未來學習：如何用科技改變學習〉。

一九五三年，哈佛大學心理學教授史金納（B.F. Skinner）參觀女兒上數學課。他發現每個學生以同樣的速度，老師用同樣的方法，教同樣的數學。

這位發現「操作作用學習理論」的始祖，大不以為然，他清楚每個孩子理解數學的程度都不一樣。幾天後，他設計了一台「教學機」，讓學生可以按自己的學習進度提問題。這就是往後「科技輔助學習」的開始。

投資下一代，從教育開始

美國矽谷科技要人，如比爾蓋茲、祖克柏，老早注意到未來教育一定不一樣。

位於加州聖地牙哥的高科技中學（High Tech High, HTH），就是比爾蓋茲夫婦聯合一些科技人發起創辦的。HTH強調拋棄傳統教育路線，不給標準答案，培養學生獨立思考和解決問題的能力。

採主題式教學「Project based learning」，學生不用考試，而是拿出研究的主題作品，有人做機器人，有人設計桌上遊戲，有人寫一本小說，甚至錄一張CD。目前全美已有十三所HTH，超過三千位學生。（可參考《未來Family》二〇一七年七月號報導）

臉書創辦人祖克柏夫婦也大筆投資「新科技輔助教育」，希望美國的學校都能在十年內讓孩子：一對一學習，擺脫過去「工廠式」教育，不再用同樣老師、同樣方式，教同批學生。

出身英文教師的馬雲，二〇一五年再次把領導權交給七〇後（一九七〇年後出生）。他們五二%高管是八〇後。

他相信「年輕人比我們更能開創未來，投資年輕人，就是投資自己的未來。」

未來企業，羅盤勝過地圖

北京友人來訪，談起中國大陸企業儘管成功風光，在管理上，則術多於信。不少大陸現代劇，一談到企業、職場，無不是謀略與鬥爭，往往忘記創業的初心或為人的初衷。

傅佩榮教授在《哲學與人生》一書中說：「哲學不能當飯吃，但哲學告訴人為什麼吃飯。」近年來，他講學大陸，很受企業人的歡迎和禮遇。尤其喜歡聽他講《易經》。大概是易經一方面卜測變向，一方面也教人在變易中求安身立命。

除夕時分，前後任總統和行政院長，齊集法鼓山擊鐘為台灣祈福，在一百零八響鐘聲中，祈求台灣「平安無事」。平安無事、安身立命，原是人之為人、國之為國最基本的需求和條件，為什麼現代社會還要祈求？

在《進擊》（*Whiplash: How to Survive Our Faster Future*）一書中，提到：未來社會生存有九大法則，其中之一是「羅盤勝過地圖」。意指：在無法預測的年代，決定方向比決定目的地重要。

地圖提供了詳細的知識和有效的路徑；羅盤則是具有彈性的工具。在一定的方向指標下，由自己去發現尋找路徑。

書中舉現代教育為例。過去人們把電腦「當成一個完成工作的器具」，但是具兒童教育心理背景的電腦專家則不這麼認為，他們把電腦「當成幫人用新方式看世界、讓孩子表達構想的媒體」。這種差異，促使他們研發由Logo語言程式，進展到Scratch，也讓兒童教育思維跨向未來一大步。

人生的羅盤永遠是我們最重要的動力和支柱。

做「對」的事，便是指引人生的羅盤

哈佛商學院教授比爾・喬治（Bill George）在二〇〇七年出版過*Discover Your True North*一書，用羅盤找到人生的北極星，做為真誠領導人的基礎。

他訪問過一百二十五位企業領袖，發現他們成功並非有共同風格、技術或特徵，而是來自人生經歷。正如美國作家約翰・巴思（John Barth）說過的：「你經歷過的人生不是你的人生，而是你體會的人生。」體會過的人生會在你腦海中反覆出現，讓你理解其中的意義，並找到自己在這個世界的位置。

二〇一五年，蘋果執行長庫克（Timothy Cook）受邀在George Washington University畢業典禮演講。他回憶從小在美國阿拉巴馬州小鎮長大。十六歲那年獲得全美論文獎；在赴華府見卡特總統前，先見了華萊士州長。他說：「我很清楚，總統和州長，一位是對的人，一位是錯的人。」他深知華萊士州長歧視種族，主張種族隔離的做法，完全背離自己的價值觀和信仰。

二十年後賈柏斯邀他回蘋果，他在一席深談後立即同意，因為他感受到賈柏斯的願景和價值觀：要用餘生搶救公司，把蘋果帶到一個無人能想像的高度。也就是：用強大的科技產品改善人類生活。

企業和企業人都不能忽視：擁有羅盤，勝過詳細的地圖。對的價值觀就像北極星，指引你走在一條正確的路上。

成全不了別人，成就不了自己

一位企業高管曾問過他的朋友：如果你的部門裡有個明星球員，專業表現突出，但是人緣太差、ＥＱ太糟，你會重用他嗎？

這位朋友答得巧妙：如果我是同樣性格的主管，我會重用他；可惜我不是。

到底明星優先？還是團隊優先？永遠是困擾企業的一道難題。明星球員表現優異，是業績的貢獻者，但他們往往自視甚高，永遠希望成為聚光燈下的主角，無視同僚的助攻，也不願把成果與人分享。

團隊績效講求公平合作，崇尚「一加一大於二」的績效，且相信個人能力、智力再高，終究無法應付瞬息即生的變局。但強調團隊，可能會養成吃大鍋飯心態，創新與動力不足。

許多管理專家都在研究如何兩全其美，讓技能與性格並重，發揮團隊的最大能量。

二〇一六年初，Google在查訪一百多個團隊後發現：如果一個團隊的平均智商（IQ）和情商（EQ）都高，團員彼此經常溝通，也就是「認真與友善」的團隊，才是一個完美的團隊。

這使我想起黃春明在一場演講中說，我們不要自以為了不起，如果沒有那些農夫種稻，我們哪有飯吃；如果沒有那些清潔工收集垃圾、清掃街道，我們還走不出家門。這個社會是靠集體的合作才能運轉。

放下小我，追求團體戰的勝利

如果問星雲大師，佛光山怎麼會有那麼大的力量在全世界創建千百座道場、學校、圖書館、美術館，舉辦那麼多的文教、體育、藝術活動。他總會笑笑的說，「是佛光人的『集體創作』。」從來不自己居功。

問他什麼是「集體創作」？他說：「這個世界不是只屬於我一個人的。一件事情的成功，需要經過多少人的經驗、多少人的智慧、多少人的辛苦，共同來成就，才能成功的。」

三十多年前，在國防部安排下，他到岡山的空軍官校演講，看到學校環境優美，許多設施都蘊含「集體創作」的團隊精神。他在當天日記中特別記下：「空戰出英雄，地勤一半功」，這些校內文字就是提醒「集體創作」的精神。

當《佛光大藏經——禪藏》編輯多年即將出版時，他勉勵弟子：「佛門講究的是眾成就，凡事不要依『我』，要依大眾。何況是神聖的編藏工作，不要坐井觀天，要集眾人智慧集體創作。」

有人說，如果能力像冰山，浮在水面上的是技能（IQ），沉在水面下的是個性（EQ）。

聰明人如果不能跟別人合作，破壞了團隊，也就做不成明星球員。

單打獨鬥的時代過去了，一人撐天的時代也過去了；當人們把力氣花在互相牽制、彼此惡鬥上，將一事無成。君子成人之美，成全不了別人，也成就不了自己。

韓國瑜的「破壞式創新」選舉

二〇一九年三月底，韓國瑜市長到香港。第一天就見到了港府特首林鄭月娥，與港商簽下二十六億的訂單。電視上，韓粉機場蜂擁，記者不斷發問：要不要選總統？

二〇一八年，一瓶礦泉水、一碗滷肉飯，韓國瑜手無寸鐵打下江山，攻占台灣深綠堡壘——高雄。在台灣，甚至全球華人政治圈，投下震撼彈。「台灣怎麼會有像韓國瑜這麼不一樣的政治人物？」

有人比喻韓市長像明太祖朱元璋，苦民所苦、基層揭竿、立功開國。有人說，韓流捲起，是他接地氣、反菁英、反論述。

也有人說，和高雄少有淵源的他，半年內快速崛起，十分像在商業領域中的新創公司（start-ups）。他採取了「破壞式創新」，用新思維、新視野，打開新局面。

「破壞式創新轉向政治界」，這是二〇一九年二月二十六日《金融時報》（*Financial Times*）一篇專欄的篇名。文中指出商業世界常用的創新手法已跨進政治世界。

這種情況歐洲歷歷在目。二〇一九年二月，英國十一名中間派議員（11 MPs）脫離傳統工黨和保守黨，自立門戶，引起軒然大波。二〇一七年，三十九歲的馬克宏贏得法國總統大選，他也在前一年才創共和前進黨。二〇一四年後，歐洲新創的小黨不下一百個，他們正虎視眈眈，準備攻下歐盟（EU）的議會，奪取發言權。

「他們是第三波新創公司，從一般商業到社會企業，現在進入政治事業。」一位歐洲觀察家分析。這些政治新創公司衝破了政治與技術的藩籬，化不可能為可能。

打破傳統政治界線，深入了解基層困境

「破壞式創新」最早是一九九七年，哈佛大學商學院教授克里斯汀生（Clayton M. Christensen）在《創新的兩難》（*The Innovator's Dilemma: When New Technologies Cause Great Firms to Fail*）書中提出的。它是指企業透過科技性的創新，將產品與服務，以低價、好用、便利去吸引非主要市場的客人。也就是用創意，破壞舊有市場，開發新市場。

最簡單的例子是「線上大學」，完全打破傳統要去學校註冊，要到教室上課的限制。再如阿里巴巴集團的電子商務，打破傳統零售方式，帶給消費者的方便、價廉。

「破壞式創新者」通常是資源少、規模小、沒有包袱者。他們比傳統

公司動作迅速敏捷，隨時調整；他們更接地氣，了解顧客的真正需求。用新腦袋、新眼光去解決問題，創造新價值。

韓國瑜現象，不就是台灣政壇的破壞式創新？他打破藍綠壁壘分明的界線，明明是政治選舉，卻只談經濟民生。他深入基層了解農漁民的困境，講義氣、說真話，揭開了穿西裝菁英政客的政治空話。他沒有錢、沒有權，但是卻打贏了這場原本穩輸的仗。可謂用「破壞式創新」顛覆了台灣政治的生態。

未來，保住工作不如保住收入

「未來十年，一半的工作會被人工智慧取代，」李開復在達沃斯論壇上說。

「一例一休上路，企業成本上升，員工排班困擾；二成以上公司將生產線外移、轉單、歇業……」台灣的各大報都登出工商團體的調查結果。

兩則訊息反映了：員工愈來愈難保住工作。多年前，一位富創意的企業主就實施「專案工作、外包人力」的政策。他說：「拍電影可以每次選不同的劇本、導演、演員，組不同的團隊，戲拍完了，大家就散了。企業為什麼不可以？」

企業要的是合適的人才、最少的成本，創造最大的利潤和價值；員工要的是有熱情的工作、高收入和自由分配的時間。

雙方能否共創出一個全新的工作型態？

幾年前，哈佛大學畢業，在百森學院（Babson College）教創業的黛安・穆卡伊（Diane Mulcahy）發現，學生都害怕面對未來的世界，焦慮未來需要什麼樣人才，工作哪裡找？於是她開始研究「零工經濟」（Gig Economy）。

什麼是「零工經濟」？它是指一種「混合式的工作」型態，混合了兼差、外包、自由工作者的工作方式，很可能是未來的工作新貌。

事實上，共享經濟成形，Airbnb、Uber盛行後，麥肯錫顧問公司最新的調查也發現，美國已有三分之一工作者參與「零工經濟」。

唯有不斷學習，才能適應零工經濟

乍看這個名詞很新，其實早在二〇〇二年英國企業思想家查爾斯．韓第（Charles Handy）在《大象與跳蚤》（*The Elephant and the Flea*）一書中就談過同樣概念。他說自己過的是一種「組合式生活」，「我是作家，但大部分賺的錢靠其他兼差而來。」「有些工作讓我著迷，如：寫作；有些能賺錢，沒錢我就不做；有些純粹出於狂熱，如烹調或園藝；有些是社會責任……。」

「零工經濟」是一種顛覆嗎？為什麼我們需要它？黛安．穆卡伊的研究分析是：

——將來全職工作會消失。過去十年，美國就業成長的部分，全來自「兼差」；有些產業不會再聘全職人員，例如：媒體。

——共享經濟出現後，企業人力政策愈來愈偏向任務導向，彈性大、成本低的專業人才符合企業的需要。

——個人不再有「工作保障」這回事，應該去創造「收入保障」。因為社會變遷太快，自動化、外包都會讓產業消失、讓工作消失。保住「工作」不如保住「收入」，讓你不賭在單一工作上。

——零工經濟下，自己可以分配自己的時間，決定要掙多少錢，決定自己的生活價值，減少焦慮。

「零工經濟」已是一個趨勢，一種選擇。

面對未來，如何培養自己做零工經濟的人？首先要深植自己的專業、更有紀律、更了解自我。最重要的是：要持續學習新知、持續增長技能、持續提高自己的生產力。

夢想是現在不做就沒有機會

我們為何失去了自由與繁榮？

二〇〇六年，美國前副總統高爾推出《不願意面對的真相》（*An Inconvenient Truth*）紀錄片時，人們還覺得全球暖化干我何事？甚至有人質疑這是一個科學大騙局。十多年後，颱風吹垮了現代高樓，暴雨淹掉了國際機場，人們才意識到：大地反撲、人人受害。

從疑惑到信任，需要漫長的時間；疑惑和信任又是一物的兩面。子女信任父母、消費者信任廠商、納稅人相信政府。即使有疑惑，也認為有聰明人、科學家、律師、學者，可以幫我們找出辦法。

但是進入二十一世紀，沒有解決的疑惑愈來愈多，被信任的人和事愈來愈少。

為什麼英國會通過脫歐？為什麼美國民主體制會選出川普總統？為什麼恐怖攻擊迭起？為什麼開放社會、全球化帶來富者越富窮者更窮？

以色列歷史學家哈拉瑞在新著《21世紀的21堂課》中，分析解釋了這些疑惑。他說，十九世紀、二十世紀時，法西斯主義、共產主義和自由主義並存，後來前二者相繼崩潰，只剩自由主義當道。

進入二十一世紀，資訊科技和生物科技的革命，正摧毀了工業革命時期建立的自由主義機制，讓民主政治體系無力招架。

無獨有偶，一八四三年創刊的英國《經濟學人》，在二〇一八年的一百七十五週年特刊中，也談到自由主義的危機。他們花了半年，透過網路、影片和研討會去實地了解；甚至以「一個重塑自由主義的宣言」為主標題，重申該刊一貫的主張和立場。

追求尊嚴生活的理想消失了？

一本書和一本專刊同時指出，自由主義近年來遭人質疑有兩個主因：菁英傲慢自肥、民粹當道。

擁護自由主義的菁英們享盡特權，在國會中掌握政治，在華爾街操弄金錢遊戲。甚至子女都進入名校，畢業後步父母後塵，繼續掌握支配國家大權。這批人在同溫層、舒適圈中自肥，不顧民間疾苦，不願改革反省。

當民主政治成為民粹主義時，人民的力量可能失控。正如哈拉瑞指出的：將來，領導世界改變最重要的人是工程師，不是政黨或政治領袖。

現在ＡＩ、區塊鏈顛覆整個金融體系，阿里巴巴「螞蟻金服」的市值已接近HSBC（滙豐銀行）。傳統貨幣也會被加密貨幣（如比特幣）替代，那麼國家如何收稅？沒有稅收，政府又如何運作？這些問題都會使傳統政治體系崩潰。

另一方面，哈拉瑞也提到人類在過去操弄了地球，卻不能完全了解環境的複雜性，使得大地反撲，造成生態崩潰，並進一步提醒：人類又開始透過生物科技操弄人類內部的世界。他說，「我們同樣也不可能了解人的心靈的複雜性。」他認為這樣的操弄也會擾亂心智系統，讓人類心智崩潰。

哈拉瑞和《經濟學人》的論述，其實也是一種深刻的反省。反省當初散播自由與繁榮精神，設立福利、教育、移民、稅務政策，主張開放社會、有尊嚴生活的理想，為什麼一一消失了？

人生最終，相同必大於不同

二〇一八年三月十五日，離春分尚有一週。紐約街頭，氣溫攝氏一度；位於聯合國總部旁的市活動中心，歌聲沸揚。

歌聲發自四位非洲年輕女性，擊鼓而舞，自信樂天。坐在後排的，是身披黃色袈裟的比丘尼。她們是國際佛光會在全球各地的總住持：總會長覺培法師、歐洲的滿謙法師、加拿大的永固法師、日韓的滿潤法師和新馬的覺誠法師。他們參加聯合國婦女會議，談「佛光山人間佛教如何透過教育和慈善，在全球推廣平權與平等、和平與和諧」。隨他們來的，正是在南非佛光山教化下的少女。

南非女孩從窮鄉僻壤來，佛光山南華寺翻轉了她們的生命。經過了三年學習，這些非洲女孩找到自己的目標，能用流利英語和熱情歌舞展現才華。

春寒陡峭的紐約，《時代》（*TIME*）雜誌推出新特刊〈女性：改變世界〉（Woman: Changing the World）。選出四十五位美國第一個突破「玻璃天花板」，擔任過去從未有過的職位或榮耀的傑出婦女。

從十六歲到八十八歲，從第一位美國女國務卿歐布萊特（Madeleine Albright），到第一位設計美國越戰紀念碑的林櫻（Maya Lin）。從第一位美國最大汽車公司GM的CEO，到第一位上太空的女性，「她們從來不想追求第一，只想把事情做好！」特刊總編輯南希．吉伯斯（Nancy Gibbs）道出採訪後的觀察。她也是第一位《時代》雜誌女總編輯。

她的另一個觀察是，在職場上，女性總期望男性的肯定；忍受男性的諷刺，也把教訓當成激勵。

微軟創辦人比爾．蓋茲的太太梅琳達．蓋茲，是美國第一位女性大慈善家，她說：「對小女孩而言，父親的肯定和信任太重要了！」

摒棄標籤，才能追求真我

成功女性的路都是崎嶇迂迴的，國務卿歐布萊特說到自己的故事。當年她想當記者，但丈夫是記者，她就自動放棄這條路。她念研究所時，許多女性朋友諷刺她：妳不覺得應該多幫忙家事，而不是常待在圖書館？

當上國務卿第一次主持國安會議，十四位男士對著她這位唯一女士。當他們各述己見時，「我竟一句話都不說」，後來她低頭看到桌上「美利堅共和國」的標誌，她決定說話了。她說：「如果我不說話，世界就聽不到美國的聲音。我是國務卿，我代表的是美國。」

哈利（Nikki Haley）是第一位印第安人女州長，為南卡羅來納州民服務。從小母親就提醒她和姐姐：「你們要表現出和別人一樣，不是不一樣。」但是現實環境卻事與願違。學校不讓他們參加校園選美，因為「不知道把妳們放在白人組還是黑人組；放在任何一組，那組人都會不高興。」

她從小意識到被貼標籤的痛苦，當選州長後，致力打破這種意識型態，她說：「人生最終，相同處絕對大於不同處。」

不論是男女性別，不論是黑白族群，不論是東西文化宗教，不論是窮富差別；人生最終，相同必大於不同。

我們被綁架的年代？

有一位朋友跟我說：「這幾年，我最大的感覺是：好像被綁架了。」

在工作上，面對部屬最後一分鐘才交出專案計畫，他要加班熬夜才能在第二天提案給客戶——因為計畫書搞不清楚目的，弄不明白成本。「莫名其妙，好像他是主管，我幫他做事！」回到家裡，太太總是抱怨，「薪水這麼少，工作那麼重，小孩都不管。」他這個一家之主，變成一家之奴。

打開電視，螢光幕上出現「大法官宣告：禁止同性婚姻關係的民法『違憲』。」「什麼是什麼嘛！亂套啊！」

這種被綁架的感覺好似熟悉，不也經常出現在周遭？二〇一三年「洪仲丘事件」，因一個軍中發生的悲劇，演變成廢了軍法。一位退役將領當時就感慨：「軍法一廢，軍紀無從貫徹，軍心渙散的結果，誰來保護國家、國民？」

二〇一四年三月，ECFA事件引起太陽花學運。學生占領國會議場，攻進行政院，歷時三週。政府官員一籌莫展，輿論一片同情。服貿協議停擺，兩岸協商凍結，兩岸關係降到冰點。不僅台商憂心前途，台灣內部的經濟活動大幅減緩。

事發數年，餘波未盡。二〇一七年秋季旅遊到台東，偌大的五星級溫泉旅館，只有我們這一團十幾人消費。因為沒有客人進住，房間已有霉味。問服務生：「是大陸客少了吧？」他回應：「不只，大環境經濟也不好。」最近幾件事也加深了這種鬱悶感。

體制尚欠周全，多數遭少數牽制

故宮南院提出「新故宮計畫」，最近獲得中央同意，以三十七點一億增建「國寶文物修復展示館」。去過南院的朋友都有同感，「人很少，維修不好，好多建材都剝落了，不是新館嗎？」二〇一七年，門口的十二獸首仿品，遭人潑漆，還寫上「文化統戰」字樣。

「故宮南院成為蚊子館，是遲早的事。當年拚命爭取建館的人去了哪裡？浪費國家資源，莫此為甚！」一位藝術界朋友LINE上留言給我。

二〇一六年台大校園發生論文抄襲事件，校長也捲入造假風波。這不是學術界的偶發事件，一位學者說：「不是當事人造假，是體制迫使他造假。」因為在國內師生關係、同儕關係已形成一種「魚幫水，水幫魚」關係，「是行之有年的慣例，」他說。

這些年來，台灣社會充滿了綁架之風。資深者被資淺者綁架；成年人被未成年人綁架；老師被學生綁架；父母被子女綁架；多數的沉默者被少數的衝撞者綁架。

二〇一七年書店最暢銷的一本書是《情緒勒索》。勒索和綁架，不也意思相近？

二〇〇四年，美國心理治療學家蘇珊．福沃德（Susan Forward）提出「情緒勒索」（Emotional Blackmail），意指：有些時候為了維繫和重要人物的關係，為了不想自己被貶低，為了降低焦慮，會重複被迫做一些自己不想做的事。

相信福沃德指的還是個人的「被勒索」，但是我們的社會學家、政治人物是不是應該思考：大眾、人民的「被綁架」？

我的五十歲生日

一九九五年底，我讀了《怕老》（*Fear of Fifty*）一書。作者Erica Jong在前言中說自己五十歲了，最不想做的事是大肆慶祝。她只想找個隱密處靜思，理清自己面臨五十歲時的矛盾情緒。

正如她周遭五十歲女性的困惑和恐懼：「不知道年輕漂亮之後會變成什麼樣子？不知道這個只愛青春、不愛老女人的文化和社會，將如何面對？」

二十三年後，我手上的另一本書《50+好好：顛覆年齡新主張》（*Disrupt Aging: A Bold New Path to Living Your Best Life at Every Age*）。作者喬．

安・詹金斯（Jo Ann Jenkins）在書序中也談到五十歲生日。先生給了她一個surprise party，三十多位好友相聚慶賀，給她的卡片上寫著「歡迎加入『下坡一族』，生日快樂！」她一方面很開心，另一方面不禁想：「我不老啊，也不覺得走下坡；我正站在山巔享受風景，還想多留一會兒，」也正想著怎麼再爬一座山呢！

兩位事業有成的女性，過完了五十歲，選擇了不同的路。Erica Jong決定要寫一本「關於我這一代女性的書」，因為要寫出血淋淋的真實，只能從自己寫起。「怕老」就是她的自傳。

她描述那一代的女人，是在憤怒與困惑中進入五十歲，「我們在年輕時所期待的事，沒有一件兌現。我們所立足的地面，不斷鬆動！」

這位前衛的女詩人和作家，在書中坦述從外祖母到她三代女性的遐想、渴望和失望。她經歷過五〇年代兩性的保守、六〇年代的縱欲、七〇年代的健康強身、八〇年代的頹廢和九〇年代開始恐懼衰老。

改變心態，便能看見、把握更多可能

最後她醒悟到女人縱使能除掉贅肉和眼袋，卻調整不了生死；「女人真正的問題是，如何在這個無情、只重表面的社會中，聽自己內心的需要；在物欲橫流的世界中滋養靈性；在搖滾饒舌歌聲中掌握自己的節奏。」

相對於憤怒、恐懼的 Erica Jong，詹金斯年輕二十多歲，是嬰兒潮世代的代表。她充滿了活力、熱情，絕不受年紀限制，正如她不受膚色、性別和收入的界定。

詹金斯在二〇一四年加入美國最大的非營利組織 AARP ——美國退休人員協會。三年後，她成為擁有三千七百萬會員的 AARP 第一位女性 CEO。

她上任後做的最重要事是「顛覆年齡」，重新定義「老」這個字。

她到美國各地演講，鼓吹改變自我心態和社會觀念，推動「顛覆年齡運動」。她提出具體方案，協助老人改造居家、改變談話內容、改善理財、改良健康文化。

她告訴企業界，全美國一億六百萬銀髮族，創造了每年七點一兆美元的商機；二〇〇九年，美國祖父母為孫子輩花的錢就有五百二十億美元，「他們才是真正的消費者」。「五十歲以上的人是第一批精通科技的成年世代，」他們半數以上使用臉書、LINE等社群媒體；五十歲以上的女性還是成長最快的一群。

詹金斯領悟到的是：「我們這一代人富有行動力，持續探索各種可能；在變老過程中，不斷找出機會、把握機會。」

那些年，埋下的文化種子

好多大陸來的企業朋友，對台灣最感興趣的，不再是政治、名嘴，而是文化。

他們想聽蔣勳談「美學」，想參訪劉若瑀的「優人神鼓」、吳興國的「當代傳奇」，也想了解佛光山、慈濟在做宗教、環保的善事。

他們認為台灣保存了較完整的中華文化，也有四百年來殖民和移民醞釀出的包容文化。

四百多年前，第一批中國大陸渡海的先民，有冒險犯難的性格，來到台灣耕農、織補、打魚灑網，創造一片與天地自然共融的園地。

一九四九年，國民黨帶了一百二十萬人到台灣。六十萬軍人，誓死防禦共產黨「解放」台灣。另外六十萬來自大陸各省分的公教和眷屬，帶來各地的習俗，包括語言、衣、食、住、行、藝術才能。

其中一批知識份子對台灣的教育、文化有深遠影響。只舉一兩個例子，林懷民在《飆舞》一書中提到，當年學識淵博、文化涵養豐厚的俞大綱，給他講唐詩、莊子……，帶他去看平劇，是他的「精神導師」，豐富他的藝文素質。

黃春明從小調皮，從台灣頭轉學到台灣尾，校長說「你再轉就掉進太平洋了」。是幾位大陸來的國文老師，啟蒙了他後來的中文創作。

翻開歷史資料，一九四九年，遷移來台灣的文史哲大師真不少。「當時，基本上台灣還沒有任何學派、畫派、詩派」，楊儒賓教授描述當年的學術文化情景。

後來，錢穆、唐君毅、牟宗三、徐復觀來台，帶來中國儒學的啟蒙；張大千、溥心畬、于右任，導入中國藝術的滋養；胡適、梅貽琦、雷震在後來台灣自由民主思潮中播下種子；印順、呂佛庭讓佛教在台灣生根發芽，後來又有星雲、聖嚴對台灣佛教的貢獻。

被遺忘的文化路，旅人眼中的珍寶

那個年代，年輕一輩如齊邦媛、余光中、白先勇投入台灣文學教育，影響年輕學子深遠。

齊邦媛在台中一中，用全英語上課，她在《巨流河》中這樣寫著：「那時日本殖民者離去不到十年，幾乎所有教員都是由大陸歷經戰亂來到台灣，大多數出身名校，教學水準與熱忱均高。」

那批老師充滿熱情理想，深信：「如果善用每堂五十分鐘，凝聚學生的注意力，一個教師可以像河海領航一樣，引領學生看到不同的世界。」

亂世人才流動，影響不容忽視。正如三〇年代納粹橫行歐洲，人才如熊彼德、歐本海默流向美國。

台灣早期漢人來居，後有荷蘭人統治，日本人也占領過五十年，加上一九四九年來了一批中國大江南北（漢、滿、蒙、回、藏、苗）的居民，融合成一個多元文化的社會。八〇年代開始，回歸的留美、留歐菁英，帶回更多西方文化，才把台灣塑造成一個開放、多元、包容文化的社會。

這是一段被自己人遺忘的旅程，但是深植的文化之根，卻在外來旅人眼中成為珍寶。

我們才是買單的人

二〇一四年九月，喬・安・詹金斯剛接下AARP——美國退休協會的執行長，準備對近萬名會員演講。她找來演說撰稿人和公關長。告訴他們要推動一個「翻轉老年」（Disrupt Aging）運動。

這個顛覆性想法在她腦子裡醞釀了很久，她想的不只是年齡，還是生活。她在部落格中寫著：「我要打破傳統『變老』的觀念」「要老得有目標，有尊嚴，生活更獨立自主、多樣選擇。」她的演講引起全場轟動，迴響熱烈。聽完演說，有人大叫：「對了，這就是我的感覺！」

一九五八年，安菊露絲（Ethel Percy Andrus）在華盛頓創辦AARP，主要協助五十歲以上的退休人，提供健康、財務、工作和生活服務。目前美國五十歲以上的公民有四分之一是會員。喬・安・詹金斯是第一位女性CEO，她深知環境變遷下要創新，要賦予新使命和新意義，因為人類史上第一次出現「長壽不稀奇」年代。今天出生的人，有超過一半會活到一百歲；眼前人數增加最快的族群也是八十五歲以上的人。

高齡族大活躍，老化不再等於弱化

美國每天有一萬人進入六十五歲。社會已進入高齡化，人們還是原有的刻板印象：老化就是衰退、無用、弱勢。詹金斯說：「年齡歧視問題，每天都在發生，我們不能讓這種事藏在暗處，一定要面對。」她記得五年前AARP曾經向一家汽車公司提出老年駕駛贊助方案。但是對方說：「不行，你們這群人會老化我們的品牌。」詹金斯立即回應：「你錯了，我們才是買你們車的人！」

戰後出生的一代已邁入七十歲，他們正是翻轉年齡最具指標性的一群。他們在六、七十歲仍十分活躍，退休占少數，半數人使用臉書。「有人還在跑馬拉松！」詹金斯在訪問中常說，「他們是一群不被傳統老化概念綁住的人，他們有能力過自己要的生活。」《嬰兒潮國度》（*Boomer Nation*）一書中說：「嬰兒潮世代是買單的人。」這個世代在美國有一點六億人，他們的經濟活動產值超過七點一兆美元。他們幫忙付孫輩的大學學費，為孫子買車子、衣服，帶他們渡假或上餐廳。八年前，這群祖父母輩的消費總額已近五百二十億美金。

「大家都想長壽，但都不想變老。」一位媒體人對現今老齡世代深刻的觀察。**AARP**在詹金斯的帶領下邁開了重要的一步。二〇一六年秋季，她出版《50⁺好好：顛覆年齡新主張》一書，更細緻的述說，如何推動和實踐顛覆變老觀念。書中特別提出老年人的四大自由：

(1) **選擇的自由**。退休後可享清福，也可過積極生活；可以住家裡，也可選擇養老院或退休社區。

(2) **賺錢的自由**。退休後可享有「不工作的自由」，但更有「工作的自由」。

(3) **學習的自由**。過去學習是為生存，現在學習是為興趣。

(4) **追求幸福的自由**。長壽使人有機會成為「一直想成為的人」，卻沒有日常壓力。

自由從來不是給予的，而是爭取來的。老年的自由，也要自己爭取。

我的上海記憶

二〇一八年五月去上海，上海朋友送了一套三本書，半透明書套上印著「謝謝儂」。三本書都環繞著思南。有《思南文學選刊》、《海上思南》和《在思南閱讀世界》。原來思南是一條街名，還有一個思南公館，一個思南書局；現在更成為一片公館區，是當地推廣閱讀的重地。它位於上海市中心，集合了五十一幢老房子和八種近代建築，這種風貌成為上海的經典特色。

這讓我想起二十年前，應該也是在附近的一家小咖啡館「1931's咖啡館」，那是上海女作家陳丹燕約好去的。

她送了一本《上海的風花雪月》，是她紅到台灣的一本著作。陳丹燕上中學就開始寫作，中文系畢業的她有敏銳的觀察力，寫作取材像個記者、尋查歷史、剖析社會，加上文筆細膩，會說故事。

「1931's咖啡館」是她書中的故事之一。她描述這家咖啡館的張愛玲時代風，從服務生的細長眼睛、藍色改良式旗袍，到店內飄揚著周璇的細嗓子，「像一根細而堅韌的尼龍線……柔弱而頑強地把六十年以前的多愁善感拖到你面前。」

我最早的上海記憶是，大人抱著在一個黑暗的空間，忽然門開了，又見光亮。母親告訴我，逃難時到過上海，「那一定是在上海坐電梯。」

在民國時期，上海是亞洲最大城市，全中國最現代化之都市，第一座電梯、第一部小汽車、第一座公園、第一間博物館、第一家律師事務所、第一所西式中學、最早的大學之一。許多最先進時髦的外來產品，第一次均出現在上海。

從「快步追趕」到「躋身指標性城市」

兩岸開放後到上海，是晚上八點，虹橋機場燈光暈黃，沒有兌換外幣的櫃檯，沒有接駁市區的巴士。忽然有個人一把搶過我的行李往前跑，我只好跟著追。到了一輛小私家車前，他讓我上車。我問：「你可以載我到旅館？」他說：「是！」

坐著這部和波蘭「以物易物」來的小車，一路昏黑；小說中讀到的梧桐樹也看不見，更別說小洋房。到了錦江飯店，他說：「十八塊錢」。我給了十八元美金，事後別人提醒我應是十八元人民幣。

「寧要浦西一張床，不要浦東一幢房。」是當時上海人根深柢固的觀念。浦東開發區負責人在鐵皮屋中簡報「未來浦東要成為東方曼哈頓」時，參訪的外來客顯少有人相信。

十年、二十年、三十年過了，上海的發展讓人驚豔。世界最高大樓出現，全球金融中心成型，GDP是中國第一、亞洲第二（僅次於東京），「世界第一線城市已毫無疑問」，數據證實了硬體成果。

軟體的文化漸次展開。延續了中國的吳越文化、海派文化，思南公館區裡的文學之家、讀書會、紀實空間，就是把大家的文化記憶、文化果實、文化資源再整合和探索。諾貝爾文學獎得主莫言來訪，題了「以文會友」，印裔的奈波爾（V. S. Naipaul）在此演講；彼得・漢德克（Peter Handke）、阿列克謝耶維奇（S. A. Alexievich）都來座談文學。

我的上海記憶，一直在回想和目視中對照，在歷史和現實中盤旋。

推動大石頭，還是撿身邊小石子

二〇一八年十二月二十二日，清華大學為前校長沈君山舉辦百日追思會。

沈校長晚年得子，如今已是榮總急診科醫師的沈曉津，追憶父親二〇〇二年寫給他的一封信，當時他剛小學畢業。父親在信中說，做完頸部超音波，得知血管栓塞已過半，頂多三年，將全部堵住。

父親並說，自己的世界已愈來愈小，回顧過往，期勉兒子：「與其當個推動大石頭的人，更想做個撿起身邊小石子的人；每顆小石子都有它的意義。」

沈曉津如今樂於撿身邊的小石子，把神經內科醫師的角色做好，樂於在台灣這塊土地上貢獻成長。

沈校長是典型的中國知識份子，早年台灣民主的黨內黨外溝通，晚年兩岸民族大業的共築共榮，他都熱心參與、念茲在茲。他曾三次與中共領導人江澤民會晤，深談兩岸的未來，如何架橋鋪路，建立共識。

在給《聯合報》前社長張作錦的信中，他說：「中國知識份子最大的毛病就是『聲聲入耳，事事關心』，總以天下興亡為己任，才算男兒本色。兩岸的事，身老力衰，要管也管不動，何況人家不要你管。但都放手了，活著又有什麼意思？」

張作錦深知兩岸是沈校長心之所繫，兩岸問題如不能和平解決，將生靈塗炭，受創至深。只要有機會，他定「尚能為國戍輪台」。

壯志未酬，小我難以安寧

給兒子和給老友的信，顯現了沈君山常在「推動大石頭和撿身邊小石子」間猶疑和游移。

這種情結和迷惑，常出現在成長於戰亂和戰後一代人身上。個個背負使命，要做對國家社會有意義的事；只有實現大我，小我才得安頓。

戰後出生於香港的探險家黃效文，是美國《國家地理雜誌》第一位華人記者，精於攝影，長於文字。他也是第一位發現長江源頭、揭露藏羚羊被奸商濫殺的報導者。

一九八〇年，他從記者變成探險家，成立「中國探險協會」，開始保育、教育文化工作。常年奔波於荒野大疆，他在西藏修護老舊寺廟，在中甸成立走山遊客休憩中繼站。九〇年代，他發現抗戰時期墜入喜馬拉雅山中的C-53。更帶著年過九十、當年飛越駝峰、參與物資運送的美國飛虎老將，重返滇緬公路。

這樣一位年近七十，仍充滿熱情活力，不斷冒險的俠客，最近也不免心生遲疑。黃效文在自家刊物《China Explorers》上寫著：我學的是新聞，過去四十年一直以圖片和文字採訪報導，影響這一代社會。但是近來媒體角色變了。我是不是要改用「記錄」來影響下一代、下下一代？

中國知識份子的老毛病，一犯再犯。斯人已遠，「故國神遊，多情應笑我，早生華髮。人間如夢，一尊還酹江月。」

文化是通往大善大美

「我們這一代，要打仗、從政；我們兒子一代，才能經商、發展工業；然後孫子一代，才能鑽研藝術、創作文學。」這是美國第二任總統亞當斯（John Adams）在開國時代給美國人民許下的承諾。

可惜文明的發展，人類並沒有留下太多的教訓。如今依然戰爭與科技研發並肩，殘殺與藝術創作同行。周而復始，人們長智長識的進展太緩慢。

二〇〇九年生於敘利亞的小女孩芭娜．阿拉貝得，七歲時用Twitter在烽火中發文，集文成書，名為《我只想活著》（*Dear World: A Syrian Girl's Story of War and Plea for Peace*）。她說：「親愛的世界，我只希望能過不再恐懼的日子。」

當遠見・天下文化事業群在上海辦第一屆文化高峰會時，不約而同，余秋雨和盛治仁二位先生都提到亞當斯的那句名言。因為有先人的流血、奮鬥，積累生存、發展的基石，才有後人施展藝術、文學抱負的空間。我們今日談「文化是大善大美」，世界依然存在著最原始的爭鬥掠奪。

辦文化論壇，就是希望把「文化」疆土擴大，看能否縮減「爭鬥」的領域，不論它是戰場或商場，不論它在已發展或未發展區塊。

余秋雨老師說：「文化表面上看來很平靜，也不鬧事，但是這個民族真正出現大師的時候，文化就會出來了。」

或者也可以說，當一位老師認真用心的把一個民族文化藝術的美，重新詮釋、再次推波，影響一代一代，也能成為「文化風潮」。

這就是文學巨擘白先勇老師在做的事，把六百年前中國最美的藝術——崑曲，推向年輕人，置上國際舞台。

文化是態度，藝術也是一種修行

或者也可以說，當一位老師用作品告訴世人「藝術就是修行」，也能成為「文化態度」。修行是放下過去，重創未來；日日放、日日新。

雕刻大師朱銘就在做這樣的事。他不重複自己。大家最推崇的「太極系列」，卻不是他的最愛，因為「這個系列比較受限制，材質受限、型式也受限。」

或者也可以說，當一位老師願意從文化的基礎：美學做起，從美感教育做起，也能成為「文化美學」。

美學生活設計師姚仁祿就在做這件事。他說ＡＩ機器人可以寫新聞稿，但寫不出李宗盛的歌詞，寫不出白先勇小說中的尹雪艷。因為人有情感、有美的自信。過去英國花了五十年時間，才趕上法、德的美感水準，美國也花了幾十年趕上英國水準。

他的老師漢寶德告訴他：「人民對美感的體悟和認知，是歐美經濟發展的基礎；台灣要脫離代工經濟，關鍵在提升人民品味。」

「文化論壇」帶來了思維激盪，帶來了體認交流。學到了余秋雨說的：「文化就是通達到一個大善大美的境界」，體會到老子說的：「天下皆知美之為美，斯惡已；皆知善之為善，斯不善已。」

夢想是現在不做就沒有機會

二〇一九年，馬雲要退休了；他五十五歲。

從一九九九年創辦阿里巴巴，誓志「讓天下沒有難做的生意」。二十年來，這位中國互聯網教父，幫助了無數中小企業做好生意，顛覆了消費者的購買習慣，改變了人們的日常生活。

但是馬雲最終的夢想，還是要當老師，「我準備了十年；我想回歸教育，做我熱愛的事情讓我無比興奮和幸福。」

馬雲在創業期間認識了一位關鍵伙伴，就是熟悉國際財務規劃的蔡崇信。來自台灣的蔡崇信放棄了跨國公司高管優渥待遇，加入阿里巴巴。我曾經問過他，「馬雲有什麼魅力？為什麼你相信他會成功？」蔡崇信回答：「因為馬雲是位老師。」老師的特質是：有教無類，包容各種人才；鼓勵青出於藍，不怕別人勝過自己。

馬雲，這位中國首富說過：「我們不缺錢，缺的是夢想。」

夢想和錢，哪個重要？二〇一一年，美國一位年輕大學生賈瑞特，發明了一個App軟體，一經推出，大受歡迎，後來被Snapchat以十五億台幣收購。頓時二十五歲的賈瑞特成了億萬富翁。

他和太太商議後做出一個瘋狂決定：賣掉家產，帶著兩個孩子，做無限期的環球之旅。

賈瑞特認為自己年輕、健康，不需要豪宅名車，他的夢想是：世界這麼寬廣，想去了解各種生活，成為一個更好的人。

勇敢實踐，美夢才有機會成真

帶著孩子，在紐西蘭的花園做園丁，在湯加和座頭鯨戲水，在印尼孤兒院當義工。他們一點也不奢華，凌晨四點起床趕廉價飛機；在菜園裡築蜂巢，在海邊陪孩子看企鵝、海龜漫步。

英國企業哲學家韓第在二〇〇七年出版《你拿什麼定義自己》（*Myself and Other Important Matters*）時，就指出，現代人賺錢比過去相對容易，但是「工作努力，賺錢很多，卻沒有生活可言」，因此他們轉而想對世界有更多的貢獻；或者去旅行，或者去當老師，「英國老師有三分之一都是從專業工作者轉過來的。」

有人說：「找到一個你最喜歡、最想做的事去做，就是夢想。」孔子一生的夢想是把他的治國理念推廣、實現。他周遊列國，向春秋諸侯們不斷鼓吹，希望以仁政治國；雖然壯志未酬，傳世之作《論語》卻影響了中國世世代代。

韓第在七十歲生日那天，做了亞里斯多德勸世人做的臨終習題：想像自己在一生的最後一天，會怎麼評估這一生。

他自問，假如能重返青春年少，他會做什麼？他後悔看到窮人、失業人，沒有停下來幫忙，只是寫文章描述他們。他從來沒有在街頭抗議示威，只是偷偷旁觀。偶爾開張支票捐錢，但雙手始終保持乾淨。

二十五歲的賈瑞特，五十五歲的馬雲，七十歲的韓第，都談過夢想。有人去做了，有人正想做，有人後悔沒做。夢想是現在不做，就永遠沒機會了。

選後，是改變的開始

風起了，風靜了；二〇一八尾聲將至。

這一年，帶動台灣前進的學者文人殞落不少。沈君山、胡佛、楊國樞、王大閎、張俊彥、孫明賢、李敖、洛夫紛紛走了。

這一年，貢獻台灣經濟發展的財經關鍵領袖張忠謀、彭淮南退休了。

這一年，台鐵自強號剛慶祝四十週年，十月就發生出軌翻覆意外，十八人死亡，一百八十七人受傷。

這一年，蔣經國總統逝世三十週年，國民黨在彈盡援絕中出現了非典型黨員韓國瑜、侯友宜，翻轉高雄，翻轉了台灣。

這一年，堅持「台灣價值」的民進黨選舉崩盤，人民給了「施政偏狹」「權力傲慢」「兩岸失策」的執政者重重一擊。

「對的人」才是轉動國家的鑰匙

二〇一九將是台灣重建的一年，新的地方首長將是國家的「經營者」，人民是國家「成員」，也是「股東」。

《21世紀的21堂課》作者哈拉瑞說：「在人類的歷史上，富人高官總以為自己資質本領高人一等，能掌有大權。事實不然，真正的差別是不公平的法律和經濟資源不同。」

「二十一世紀的大衰退時代，壞消息舉目皆是，但是人對、策略對，再困難的問題，還是能克服。」這是美國《外交政策》（*Foreign Policy*）雜誌總編輯迪波曼（Jonathan Tepperman）在新書中所說。

迪波曼在新書《國家為什麼會成功》（*The Fix: How Nations Survive and Thrive in a World in Decline*）中參訪研究了十個國家，在面臨不同問題時，如何去解決。

巴西前總統魯拉如何讓「全民財富均霑」是其中一例。巴西是全球貧富差距最嚴重的國家，約三分之一人在貧窮線下，一五％是赤貧。二〇〇三年，魯拉開始轉變巴西，二〇一一年，巴西經濟出現四％成長。四千萬巴西人掙脫貧窮，成為中產階級。

他把自己左派、靠暴亂起家的「革命家」形象，轉變成「大妥協家」。他延續前任的財金政策，但大幅刪減浮濫的預算；一方面緩慢的徵收富人「全球性財產稅」，一方面對窮人推「家庭補助」。魯拉出身窮人，最了解什麼樣的補助有效。他得全民支持，是靠實際施政成果。

加拿大是另外例子。他們擔心國家特性變質，一向緊縮移民。二〇一五年情況改變，杜魯道總理在機場入境廳，親自歡迎第一批入境的敘利亞難民。從此移民率媲美國高出不只一倍。

為什麼加拿大改變？因為非做不可。首先，人口太少使聯邦政府很難控制廣大的土地；其次，加拿大經濟正開始起飛，需要多元文化的移民。

其他還有「印尼如何打垮收服伊斯蘭極端份子？」「新加坡怎麼征服貪腐？」「南韓如何保持經濟成長、再成長？」等。個個都是實際處理國家難題的故事，也是台灣政治領導人物的借鑑。

風起了，風靜了。選舉結束，才是台灣改變的開始。

你知道的遠比你想像的少

流動的新媒體

二、三年前的一個聚會，同事介紹一位來自大陸的朋友，說他在對岸有一個微博，專門「講冷笑話」，各式各樣的，當然包括反叛性很大的笑話。

我問：員工幾位？他說創業初期主要是他一人；再問：如何營運？回答：有一些企業家會贊助，幾千人民幣吧！

二、三年後的五月，黃浦江上「新媒體夜談」。主持人紀中展，是「老紀讀書」微信的負責人。老紀每天一早八點，準時發出一本推薦書，現在已有十六萬書友付費參加這個網上讀書俱樂部。

老紀說他每天要讀十幾本書，除了讀書微信，他還有「商業評論」微信，討論商業大事；以及「老紀育兒」微信，是關於七〇後的父親與二〇〇〇年後出生的兒子，「蹲下來一起長大」的心得交流。

老紀的商業模式是：小額捐款，也收點擊廣告，還做商業代言。這就是「自媒體」：我記錄、我創作、我發布、我評論。

同年五月二十一日台北捷運殺人事件，大家從電視、報紙看到那位紅衣青年濫殺的鏡頭，都是當時在捷運上乘客用手機拍下。

科技改變了人類生活方式，更關鍵的是改變了我們的思維、想法。

「持續創新媒體時代」正開始

民國一〇〇年，文建會曾委託我們出版《願景二〇三〇》。回頭看看當時媒體人如何預測：雙向傳播、營運能否靠基金會、記者渴望成為公民記者。才幾年間，手機取代了電腦，App取代了網站和電視平台；新聞、節目都「碎片化」了。

中國大陸由於人口多、市場大，轉變遠超過台灣，「後發先至」成了他們的特質。二〇一二年底，他們已有五點六四億網民，手機超過電腦，光是微博用戶早就超過三億戶。

浦江新媒體夜談的另一位主角楊暉，十多年前，她還任職湖南電視台，製作過不少當紅的談話節目。後來她離開傳統媒體，自創唯眾傳媒。這個以原創性電視內容為主的公司，可以眼觀科技的變化（資訊從定點到移動接收），耳聽觀眾的反應和需求，隨時保持應變狀態。

面對中國大陸四、五億人有移動載具，其中又有九成左右看影視和新聞的現狀，她在夜談中說，「我不得不提大視頻時代」，由於大數據時代來臨，就得重視細分：內容要細分、渠道（手機、電視、iPad）和時段也要細分。

面對移動式載具、碎片化的趨勢，她把內容做得更精更好。原創性是她的特色，因此掌握的合作權更多；可以上傳統電視，更可以成「自媒體」，上手機視頻。最近她正和騰訊合作，獨播「你正常嗎」節目，三集下來點擊已達一點三億，一季下來「破五億不是問題」。她更預測，未來電視節目和創業、商業結合，更是無限商機。

看看這個新媒體趨勢，與其說「新媒體時代」來臨，不如說「持續創新媒體時代」正開始。

要敢做「行軍人」：媒體大將軍

傳統媒體的業務下滑，讓不少年輕人卻步，但中國大陸自媒體的出現又帶來無限希望。

二〇一六年九月初在上海，遇見最近很紅的「一條」創辦人徐滬生。他原是《外灘畫報》的高管，對優質生活很有敏銳度。眼見傳統媒體的銷路一直下滑，「尤其二〇一四年，像懸崖式的驟降，讓我決定跳出來做點什麼。」

他常來台灣，「誠品生活」對他啟發很大；於是決定用影音來說「高品質生活」故事。

仔細研究影音說故事的祕訣，「我看了所有YouTube上的東西。」他要用精緻的影音製作，吸引高端品味族群。利用過去雜誌欄目的概念，做成了與眾不同的自媒體。

「一條」團隊全世界採訪，常用至少十小時的素材剪成五分鐘影片。上網就看到他們介紹旅遊：「有人與妻子在巴黎一百個不同的地方親吻；有人說走就走，去巴黎體會了……」；介紹書：「文學大師米洛拉德帕維奇（Milorad Pavić）繼《哈扎爾辭典》（*Dictionary of the Khazars: A Lexicon Novel*）之後，引進中國的第二本神書《君士坦丁堡最後之戀》（*Last Love In Constantinople*）……」；介紹人物：「五十九歲的台北人李逢德在四十歲那年提前退休，上陽明山開了一家民宿『絹絲谷』。他堅持……」。很快的吸引了上百萬人點閱，投資者也爭相投入。

當時剛滿兩年的「一條」，已有上百位強大的製作和技術團隊，徐滬生說：「我們主要拜中國兩大浪潮之賜，一是微信公眾號，一是電商。」

電商是因為有精緻獨特的生活商品，每天營業額一百萬人民幣；台灣著名的「微熱山丘鳳梨酥」和「阿原肥皂」也在架上。

見到懸崖前，勇於放手一搏

另一個被譽為自媒體首富的「邏輯思維」創辦人羅振宇，是從傳統媒體走向自媒體的第一人。

二〇一二年十二月，這位深信「信息免費，知識是可以收費」的媒體人，採用付費機制，在五小時內收到五千個會員。

每天早上六點半，發送六十秒的語音。他用獨特的觀點和菁英知識，取得人們的信任和欣賞。他認為提供這種知識的服務，減少人們決策的成本，在互聯網時代就是一種商業模式。

他分析自己經營順利有三個特質：一是不犯懶，很勤奮；一是不犯渾，不那麼理想主義；一是不犯倔，錯了立即改。

四年內，市值攀上十三點二億人民幣。羅振宇，在二〇一五年跨年夜又有一個創舉。當別人辦跨年晚會，他辦「跨年演說」，門票四千張，一張二千元，秒殺賣光。他計畫持續做二十年。

在科技全面顛覆人類的時代，在破壞式創新不停歇的環境，「自媒體」人人能做嗎？

羅振宇分析人分成二種，一種是「行軍人」，對社會、對現狀極其不滿，總要改變；一種是「宿營人」，每天栽花種草，和睦鄰里，追求小確幸。徐滬生和羅振宇都屬「行軍人」，對現狀感到不滿，在見到懸崖之前，就勇於另尋生路，放手一搏。

怎麼會有「胡說八道」？

二〇一七年九月，哈佛女校長德魯．福斯特（Drew G. Faust）在開學典禮上宣告：教育的目標是確保學生能辨別「有人在胡說八道」。她認為大學四年，同學應會通過挑戰和被挑戰、異議和分歧，學習這種辨別力，找到自己的道路。

哈佛大學名列世界大學前茅，有一流學者教授，取最拔尖的青年；學術地位崇高，社會聲望讓人望塵。怎麼會讓校長在如此莊嚴的場合，說出首要目標是「確保能辨別有人在胡說八道」。

自媒體時代的危機：新聞虛實難辨

二〇一七年十二月，美國Buzzfeed新聞網站執行長佩雷蒂（Jonah Peretti）公開指責：網路巨亨Google和臉書，是讓媒體陷入危機的元凶；「他們搶走大部分的廣告業務，回報給內容原創者太少。」讓用心認真產出高品質內容的人卻步，卻鼓勵了假新聞、低俗內容、盜版影音肆無忌憚散播。

兩則看似不同的訊息，反應同一現象：科技帶來的媒體顛覆，讓社會瀰漫「胡說八道」的言論、知識、行為和價值觀。

也在十二月初，二百位新馬媒體人齊聚，討論媒體如何拒絕假信息，讓文字承載正能量。

高希均教授在會中指出台灣媒體亂象：

- 把「壞」消息當成能賣的「好」新聞
- 把做壞事的「惡人」當成「名人」
- 把翻雲覆雨的「政客」當成「英雄」
- 把信口開河的「對答」當成「專家」
- 把違反道理的「叛逆」當成「好漢」
- 把堅守原則的「君子」當成「傻瓜」

這種媒體現象並不局限台灣；在網路時代，人人都是自媒體，人人都是總編輯。一位新加坡媒體人告訴我，設在澳洲的「真實新加坡」（The Real Singapore）網站，就時常發出虛假和煽動性新聞，他說：「不是批評他反對政府，而是根本與事實不符」。例如他們反對新移民，凡是社會發生壞事，他們第一時間就指向是新移民所為，「這樣有意地分裂社會，是違反倫理道德的」。

這使我想起二〇一一年，那場由網路社交媒體掀起的埃及革命。當時在開羅任職Google的小夥子戈寧，拿起手機，走進臉書世界，投身革命。五年後，他在日內瓦TED演說，承認「我錯了！」他發現：「社交媒體只在傳播錯誤信息、放大言論，並散播仇恨言論。」他看不到埃及民主開花，反而目擊自己國家一步步走回獨裁統治。

若問：媒體的本質是什麼？新聞記者是做什麼的？三度獲普立茲獎、《紐約時報》專欄作家佛里曼在台北答覆過這個問題：「記者要不偏不倚（without fear, without favorite）。」

我們也有過「新聞記者信條」，其中第八條：「新聞事業為最神聖事業，參加此業者，應有高尚品格。誓不受賄、誓不敲詐、誓不諂媚權勢、誓不落井下石、誓不挾私報仇、誓不揭人隱私。凡良心未安，誓不下筆。」這樣的信念，怎麼會有「假新聞」？怎麼會「胡說八道」？

毒死別人也毒死自己

義大利著名女記者法拉奇（Oriana Fallaci）曾經說過，「如果我有機會訪問上帝，我會問祂：為什麼你在世界上創造了好人，還要創造壞人？」假設上帝身處現代，一定會回答她：「如果我沒有創造壞人，你們記者也會創造壞人！」

多年前，衛生署長楊志良出書，新書發表會上，某記者到場遲了，她開口就問旁邊的同業：「剛才楊署長說錯了什麼話？」

在香港和一位資深媒體人聊天，他曾經替同為港大校友的媒體老闆辦一份教育刊物，在銷售業績不好時，老闆對他說：「你這樣辦雜誌是不行的，你放點師生戀啦、寫些女學生的賣淫故事啦，就一定暢銷！」「媒體是亂源」的例子，一如全球化的商品，遍地開花。《紐約時報》專欄作家佛里曼早在二〇一一年出版的《我們曾經輝煌》（*That Used To Be Us: How America Fell Behind In The World It Invented And How We Can Come Back*）一書中指出，美國二十四小時散布的新聞，強化了黨派對立；把新聞當娛樂、把政治當運動；愈古怪、具爭議、走偏鋒的奇人和他們的話語愈搶鏡頭、搏版面。

二〇一〇年美國議員選舉中，就有候選人驚覺「我的選戰輸在臉書和YouTube上」，因為對手天天上電視，粉絲再把抹黑訊息「在網上像病毒一樣傳出去」。

傳統媒體理性分析、正確查證的訊息，遠遠比不上網路「暗箭傷人」、電視名嘴「語不驚人死不休」的評論更抓住人們的眼球。

言論自由是民主社會被保障的權力，除非媒體自律，否則只有毀謗法可以制裁。但是心理學家老早印證：辱罵誹謗的殺傷力遠遠大於更正道歉。

我們怕毒油，但不怕毒新聞嗎？

在女記者和女作家的聚會中，聽到一位從媒體轉職企業的資深朋友坦承：「過去我怎麼對待企業的，現在別人就怎麼對待我。」過去，可以抓住一句話作一篇文章，現在她明白，這句話的背後，還有更多的技術、管理等細節和故事。

早在二〇〇九年，佛光山開山祖星雲大師已有遠見，他成立「星雲真善美新聞傳播獎」，獎勵和呼籲「媒體救台灣」。

他從一個小故事啟發了辦新聞獎的念頭。一個小孩子被石頭絆倒了，就對石頭說「我恨你」，結果山的對面就傳來「我恨你」的回音。因此他相信，當媒體多報導真善美的新聞時，台灣社會就易走向善良美好。

他說，世間人離不開「身口意」三業，「真善美」就是，口說「真話」、身行「善事」、心存「美意」。

佛經中也提過一身二頭的「善惡鳥」故事。善面鳥每天都很快樂，惡面鳥見了心生嫉妒，於是把毒食餵給善面鳥吃。但是牠忘記了二隻鳥是同一個身體，結果毒死了同伴也毒死了自己。

我們大家都怕毒油、毒牛奶、毒澱粉……，難道我們就不怕「毒新聞」嗎？

新媒體，殺人魔還是救世主？

網上流傳著媒體人康文炳的臉書「紙媒輓歌」。他入行三十年，過去選擇工作，只思考要進哪家媒體；現在是：舊媒體正在消逝，新媒體前途未卜。

舊媒體與新媒體的戰爭與掙扎，早始於美國。新聞學院老大哥哥倫比亞大學新聞評論，指控掀起新媒體革命的紐約大學教授羅森以及《連線》（*Wired*）雜誌總編輯安德森等人，說他們是反體制的「未來新聞學」陰謀集團。

最近，這個集團另一位要角賈維斯（Jeff Jarvis）出版《媒體失效的年代》（*Geeks Bearing Gifts: Imagining New Futures for News*）一書，分析未來的「媒體」會是什麼面貌？大眾媒體消失後，它的新關係、新模式和新商機會如何？但也坦承：「沒有人知道未來的新聞是什麼；如果以今天來定義未來，就像把汽車稱為『不用馬拉的馬車』一樣。」

不只是商業產品　還要賦予意義

在紐約市立大學主持「陶氏奈特創業新聞中心」的作者，推翻了傳統媒體與讀者的「關係」、顛覆了新聞是「內容行業」、剔除了傳統「新聞人」的角色。他在書中推翻「大眾媒體」的概念，認為是媒體設計創造了「大眾」，讓大眾看一樣的新聞，在同一時間看同一則影像報導。

媒體真的是一門「內容行業」嗎？他們了解讀者的興趣，和想要知道的內容嗎？媒體的價值在哪裡？讀者能從媒體架構製造的內容，得到價值感嗎？它又如何滿足那些比自己知道更多的人呢？

本書最特殊之處，不僅對未來媒體提出一連串顛覆性問題，也點出媒體人對未來應有的認識：

——由大媒體主宰的時代已過去；現在面對的是，如九頭蛇般混亂的「生態系統」，在這個系統中，每個人都握有主導權。

——新聞是一連串川流不息的事件、問題、辯論。平台式的、發生在自己身上而要告訴朋友的事情，就可以串連，產生現場目擊的即時新聞。

——未來記者需要的關鍵技能是：辨識新聞節點和網絡的能力。

——未來的記者將扮演策展人角色。策展人過去在博物館、畫廊工作，他們蒐集、挑選、鑑定、推薦展出作品，並分析服務和解說展品的特色。現在記者要找出最高品質或最具權威性，也最切身相關的新聞、議題。

——新聞工作者都要把資料視為新聞，具備分析資料的科技和統計專業。

——未來的新聞載具不一定是3C產品，因此所謂行動，是繞著人轉，不是器具。

儘管科技巨龍壓頂而來，做為媒體人就失去了價值嗎？倒也未必。二〇一三年，以二億五千萬美金買下傳統媒體《華盛頓郵報》（*The Washington Post*）的貝佐斯說：「我深信媒體有使命感很重要；媒體不只是一個商品，更要賦予意義；有意義，你做事才有動力。」

貝佐斯的言論，讓當年揭發水門事件，在《華盛頓郵報》建功的記者鮑伯・伍華德（Bob Woodward）感動也感慨。

當媒體失去信任

二〇一四年四月中旬，奈及利亞奇博克小鎮，恐怖組織綁架了二百多位女學生，舉世嘩然。奈國政府卻說：「這是個假新聞」。

這件事一直困擾著駐在倫敦的女記者布莎雷（Stephanie Busari）。後來她拿到一部影片，是恐怖份子向世人證明這批女孩還活著。布莎雷親赴奈及利亞東北部，向受害人父母確認是他們失蹤的女兒。

最後奈及利亞政府採取行動，只救出二十一位女孩；離綁架發生已兩年多。這位女記者氣憤的說：「我對假新聞憤怒，它拖延了救人。」

假新聞對社會最大的傷害是：人們不再相信媒體。媒體也失去了做為社會公器：制衡政府、伸張正義、保護人民權益的角色。

二〇一七年美國蓋洛普民調，只有三二%的美國人信任大眾媒體（包括報紙、電視、電台）；一九七六年時，信任度是七二%。相隔四十年，下滑四〇個百分點。

二〇一八年八月，賽門研究中心（Simmons Research）訪問二〇〇九位美國人，在三十八個重要媒體中，他們最相信誰？第一名是《華爾街日報》（*The Wall Street Journal*），接著是美國的電視網「ABC News」和「CBS News」，英國「BBC News」第四。財經雜誌《富比士》（*Forbes*）第五，「NBC News」第六。再依次是《紐約時報》《華盛頓郵報》《今日美國》（*USA Today*）及《華盛頓時報》（*The Washington Times*）。

專家分析《華爾街日報》受肯定，是他們有「受人尊敬的新聞」和「保守派言論」。而立場鮮明的「自由主義」的英國《經濟學人》和強調「保守主義」的「FOX News」都同列中間。

防堵假新聞　應從個人做起

傳統的新聞記者嚴守「純新聞」和「評論」的分際，但隨著世界環境的複雜化、科技創新帶來個人化，新聞和意見的界線日漸模糊。

華府「White House Watch」網站主持者Dan Froomkin特別對川普時代的「新聞和意見混雜」有感，但他也承認用「報導」「分析」「觀察」「意見」等欄目，對讀者而言，仍難區隔哪些是「事實」，哪些是「偏見」。

就連俄國媒體界正紅的議題也是「資訊噪音」，它是指「那些把細枝末節小事拼湊成大新聞」的伎倆，是干擾大眾的噪音。

美國MIT的一群科學家正訓練電腦偵測假新聞，它們定義的「假新聞」，主要有二個層面，一是「是否為事實」；一是「是否為偏見」——指說出事實的人背後有無意圖（包括意識型態、個人及組織利益），因此或斷章取義、或比率不對稱、或時空背景錯置、或濫權扭曲。

再多的科技巨擘研發阻擋假消息的工具，再多的學校研究分辨真假新聞，都不如奈及利亞女記者布莎雷所說：「有些人只看標題，就分享資訊。我們能不能停止轉發未經證實的消息？能不能想想轉發的訊息可能引起仇恨和暴力，可能對現實社會造成負面大影響？」

媒體人還能做什麼？

每年一度的華人領袖遠見高峰會，就是一場老朋友和新朋友交換全球經濟趨勢、兩岸企業發展的聚會。一位長年參與的大陸青創小伙子對我說：「我們每年一定來吃年夜飯。」

和來吃一頓年夜飯的對岸朋友，會激起什麼樣的火花？

他們都是四十歲左右，有的創網路公司，有的做先進的VR、AR，有的是自媒體、傳播公司老闆，更有的是前端產業的創投者。

他們共同的特色是，掌握產業的未來發展，擁有開放的思維，深具創作內容的扎實經驗，有科技的強大支持，更有嗅到商機的本領。

《南方周末》前總編輯向熹，後來任廣東衛視董事長，一年前獲准辭職開始創業。這位在《南方周末》帶過二十六位總編輯的總編輯，最近全力投入VR、AR產業，他說：「我要為我們這些精采靈魂（文化工作者）重新找到一個能夠安放的軀殼。」

多年媒體工作經驗，他了解到未來VR的發展已受到全世界高科技公司如臉書、Google、微軟的注意；大陸的騰訊也理解「下一代計算平台是在眼睛上，手機可能五年、十年會被取代」。

從他的談話中也了解，中國大陸政府對科技企業的發展十分敏感。二〇一五年嗅到風向，二〇一六年杭州峰會領導人談話中，就把AI、VR當成未來技術發展重點。接著發布重要文件，全國省、市開始劃定園區，給出資金扶持。

趨勢靈敏度高的向熹，是南京大學新聞系畢業、武漢大學傳播學博士，他堅信：「文化人應該有更多的空間表達自己的內心；所有的新技術發明都能為我所用，才是個好時代。」

媒體人打破常規，迎向新媒體視野

像他這樣有理想、有抱負，敢於挑戰未來的大陸青年媒體人還不少。楊暉就是另一位。

唯眾傳媒創始人楊暉，在湖南衛視工作十一年後，決定自創天下。在後來創業十一年中，做過六十檔電視節目，得了七十項大獎。都是原創知識性節目，如「開講啦」「波士堂」「你正常嗎」。大陸電視界稱讚她是「TV2.0電視新思維理念倡導者」。

二〇一六年，她曾帶領團隊在習近平訪英前，訪問到英國威廉王子和他的兒子。二〇一七年她與湖南衛視合作一檔結合科技和人文的節目「我是未來」，永遠走在社會群眾前端。

她說：「我把自己上海房子抵押去借了錢」，製作這個科學節目，耗資一億人民幣。她有膽識和遠見，比別人更快體認科技對人類的影響，「我們努力把生硬的科學知識用人文思維轉化成一般人讀的資訊」。她介紹ＡＩ，介紹科學如何讓斷臂人再次接上神經，活動自如。文科博士的楊暉邀請到楊振寧等科學大師任節目顧問；她擺脫一般娛樂性節目，靠自己走出一條「有意義的路」。

這樣的「年夜飯」火花，怎不讓人震驚？當台灣媒體還在從傳統轉數位路上掙扎時，大陸媒體人早已下定決心，認真闖蕩，打破所有界限、定義和規範，勇敢往前跨步。

謝謝你來了！

睽違七年，再訪台灣，帶著《謝謝你遲到了》新書，佛里曼仍是一位熱情洋溢、熱愛人類的記者。

大學並非主修新聞，只在高中上過一堂新聞課的佛里曼，二十五歲就被UPI（合眾國際通訊社）派駐貝魯特。人生第一次聽到槍聲，目睹全球第一起自殺炸彈客衝進美國大使館，炸掉半棟大樓。他體認，有一批無助的邊緣人隱藏在世界各個角落。

佛里曼說：「我後來期許自己的名片上是：《紐約時報》人道特派員。」

十年駐紮戰火烽起的貝魯特、耶路撒冷，他深入了解歷史、宗教、地緣政治、科學、社區發展，始知世界的複雜，肇事原因不會單一；也發現至今部落式的殺戮比比皆是，但無解方。

一九九〇年初，他從戲劇化的場域回到白宮當記者，近身採訪美國國務卿貝克（James Addison Baker III），隨行飛過七十五萬英里，親歷柏林圍牆倒塌、冷戰結束；「六四天安門事件」之前，與美國外交代表團第一次訪中國。伴著柯林頓，走過頭半年新總統任期，「你可以在白宮看到美國如何處理國際大事。」

他用敏銳的洞察、溫潤的體恤、犀利的筆，寫出讓全球政經菁英震撼、反思、討論的文章。

有人問他記者的工作是什麼？他玩笑地回答：「就是把英文翻譯成英文。」他指的是，解釋性新聞是把看不懂的內容用能懂的文字表達，不僅敘述表面現象，更有背後事理分析，和產生的影響。

要成為好記者，先做個好「聽者」

一九九五年起，他擔任《紐約時報》國際專欄作者，全球重大事件，他必親臨現場。「如果我只在華府辦公室，不來台灣，聽聽這裡的人說什麼，我是不會了解台灣的，」他說。

第一線的採訪，讓他接觸過成千上萬的人。做為記者，「我是一個喜歡『人』的人，」他說。

他更是一個好的「聽者」。一支筆（筆電）、一顆好奇心，不停地問，持續地記，不時地回應：「有意思、我懂！」

台達電董事長海英俊見到他也說：「我今天早上讀到你新的專欄文。」這篇正是他從美國到台灣的路上寫的，談到他最害怕美國的一件事：「真相愈來愈不明」「兩黨鬥爭像部落族群廝殺」。

得過三次普立茲獎、專欄遍及全球七百家媒體，佛里曼告訴讀者，

「專欄寫作就是要發光發熱。」

如何發光發熱？首先，要點出價值觀；其次，在這颶風暴雨轉速的時代，這些事件如何在大機器中運作；第三，注意涉及的人和文化。

帶著《謝謝你遲到了》這本書，在台灣做二天旋風式演講，他說，在網際空間，人類會進入一個萬物都可聯結，卻沒人掌管的世界。「將來會出現兩個現象：一個人可以毀滅全世界；這個世界也沒有不能解決的問題。」那麼沒有上帝的網際世界，人該怎麼辦？

他提供的答案是：美好的家庭、健康的社區。這位「人道特派員」最終強調的還是價值觀。

你知道的遠比你想像的少

一位女性朋友告訴我，母親得了肺癌，多年來一直用標靶藥治療，健保給付。最近癌病生變，需更好藥物，但得自付。

自付藥很貴，一粒索價一萬三千元，一天一粒。好心的醫院朋友私下告訴她，如果要便宜的藥，得從印度購買，但不合法。她輾轉找到了管道，一個月的藥費正是台灣一粒正版藥費一萬三千元。

過了不久，我就在網上看到《我不是藥神》這部影片。原來中國大陸也發生類似狀況，一位白血球病患陸勇，二〇〇二年得了白血病，人民幣二萬三千五百元一盒的藥吃了兩年，花掉家裡人民幣六十萬元。

二〇〇四年六月，他在網上看到韓國人到印度去買同樣的藥，只有八分之一的價錢嘛，於是他試著去購買。後來他把自己的經驗PO在網上的白血病友群組中，許多病友就拜託他代買，因為他們不懂英文，手續也很麻煩。

被稱為「藥俠」的陸勇，後來乾脆設了一個國內專用帳戶，幫病友代購。他不賺一分錢，藥也非假藥，但湖南法院以「銷售假藥罪」起訴他。這個案子引起成千上萬病友，包括大學教授、單親媽媽，集體請願。

陸勇認為「有病沒藥吃是天災，有藥不給病人吃是人禍」；這群病友們在「保命」和「守法」間掙扎。

也就在同一週內，一位學長傳來一部十一分鐘長的微電影《車四十四》。片頭寫著：這部被禁的華語短片，曾在國外得過很多次獎，是一個真實故事，發生在十多年前……。

正義無法伸張　人民靠媒體自救

故事敘述一位年輕女公車司機，幫人代班開「44號公車」。途中先接了一位青年，後來上了兩個土匪。歹徒搜括了全車人財物，臨下車前，又硬把女司機拖往草叢處強姦。

全車男男女女親眼目睹女司機的慘狀，卻無人發聲救援。只有那位青年下車去追，也被打成傷。

女司機回到車上後，疾言把受傷青年趕下車，繼續開著「44號公車」上路。

過了不久，警方接到車禍報案，是「44號公車」墜崖，全車無人生還。

那位青年後來路過事故現場，一片茫然，不知是該悲哀還是慶幸？

兩部電影看得我百感交集，這不正是你我身處的社會？表面上政客們高喊「公平」「正義」，實際上陰暗處仍藏著汙垢、不公不義。

就像屏東的女議員蔣月惠，得靠著自媒體，幾乎天天半夜直播工業汙水排放實景；得用咬傷女警，來吸引大眾注意弱勢被拆屋的實情。

當她一夕爆紅後，記者問她：「要不要直接選縣長，不選議員？」她說：「那個太複雜了，不是我處理得了的！」

政治太複雜了，一般老百姓不易了解也不會處理。那麼，是不是只好拍部寫實的電影來敲醒大家？因為你知道的，遠比你想像的少。

那些年，我們在政大

每至盛夏，就是一批批學子離開校園進入社會的季節。回想五十年前（編按：本文寫於二〇一七年）的此時，也正是我和近九百位政大同學從學生身分變成校友身分的時刻……。

記得在五十年前畢業紀念冊上，當時的劉季洪校長用毛筆字寫著：「四十年全體畢業校友多能奮發有為，各展懷抱，在社會各方面卓然有所建樹……」他提醒我們，過去的畢業校友對社會國家貢獻很大，我們進入社會後，也要貢獻所學，發揮建樹。

我也記得，當年的畢業同學在紀念冊上，這樣寫著：

南山下　是吾家，
三千夕照　埋首遠浮華，
晴無暇　雨無暇，
看他日風雲際會　咱。

我不知道這是哪位同學寫的，想必也是當時政大新詩極盛時代的詩社一員。他所展現出的豪情壯志，正代表了那個時代年輕人充滿熱血和情懷。

一九六三年暑假，我們入校前不久，葛樂禮颱風來襲，大雨成洪。當時全台灣鋼筋水泥的建築不多，我住的三重眷村每到颱風來時，都要躲到隔壁的小學教室避難。豪雨下來，房子淹水比人還高。我的入學通知單不知淹到哪裡去了，找到時是濕淋淋、沾滿了泥土的。報到時，才知位於木柵的政大，也淹了三天三夜。

相信和我一樣惶恐、一樣期待的同學一定不少。他們來自中部、南部，坐著慢車，一路從台灣尾走到台灣頭，整整一天。更有不少是從香港、澳門，還有東南亞的印尼、馬來西亞、泰國、緬甸，千里迢迢飛過來的異鄉遊子。

一半台生，一半僑生，是每班都有的現象，據說當時政大是僑生最多的公立大學。一半男生，一半女生，也是以文法商為主大學的特色。

領導思想、啟發社會，人文薈萃大學城

十六個系中，文學院占了三分之一，詩人和文人特多。詩人筆下校旁的小溪變成了「醉夢溪」；班上一位馬來西亞僑生寫新詩一首〈太陽生了黃疸病〉，我們一輩子也不會忘記可以用這樣的詞彙形容太陽。外交系、法律系、新聞系的辯士們後來都成了耀眼的外交官和伸張正義的律師。

當年的財稅系絕沒料到往後掌了全國財政、稅務、關務的大纛。企管

系開台灣管理學的先鋒，銀行系、公行系、地政系校友在企業界、金融界披荊斬棘，馳騁商場，創造台灣經濟奇蹟。

新聞館落成時，美國總統甘迺迪還來了賀電。講堂前的對聯：「集中西文化菁英研求學問／究天人思想真理貫徹知行」，那是師長們的殷殷期勉。

五十年後，校園占地一〇四公頃，現代化的圖書館、體育館，青翠環山大道可跑馬拉松。僑生已變成外籍學生，和全球六十多個國家、五百二十多所大學結為姊妹校。同學「研求中西文化學問」，環境更佳；能否「知行天人思想真理」，就待努力了。

【附錄】二〇一七年政治大學畢業典禮演講致詞稿

接觸陌生人，擦出學習火花

今天我能站在這裡和各位同學講話，大概是因為我畢業得夠久、工作得夠久。我畢業了五十年。

五十年前的今天，我和各位一樣，正從政大學生要變成政大校友。

五十年前，我們畢業同學不到九百位，只有三個學院、十六個系。現在學校有九個學院、三十三個系，畢業同學三千多人。

五十年前，校內現代化建築只有四層樓高的社資中心、新聞館、公企中心；現在有科技化的數位圖書館、國際化的體育館；還有環山大道可以跑馬拉松。

五十年前，幾乎每班都是僑生一半、台生一半，僑生大都來自香港、澳門，東南亞的泰國、馬來西亞、印尼；現在來自世界各地的國際學生有五百七十人。

五十年前，我們做為學生，一定要在四年內拿到學位，可以工作賺錢，減輕家長負擔；現在學生不是延畢，就是不在乎是否會拿到學位。當然很大的關鍵是五十年前，台灣的國民所得是一百美元左右，而今天我們是近二萬三千美元。

回想當年，我之選擇政大新聞系，是受我的高中老師影響。他說，他最敬佩三種人：一是醫師，可以救人；一是老師，可以教人；一是記者，可以改變人，救社會。

新聞記者這個工作是學習和人接觸，學習和人溝通，藉此傳播人的知識和觀念，影響更多其他人的行業。

因此也讓我明白，進入政大新聞系的那一刻，就是接觸陌生人的開始；也注定了一輩子要接觸不同的陌生人。

新聞館內常舉辦演講，有我國駐外的大使們，有掌全國新聞通訊社、報業、廣播公司的負責人，來談國家大事、世界情勢和記者責任，這使我想起禮堂前的一幅對聯：「集中西文化菁英研求學問／究天人思想真理貫徹知行」那就是學校和師長，對我們同學的期望。希望我們古今中外的知識都要學習，哲人智士的思想更要理解，並在人生中踏實執行。

我畢業後最初的工作，是在一九八〇～一九九〇年代，那正是全世界政治經濟翻天覆地的時刻。台灣發展過程中，經濟上成為崛起的亞洲四小龍之一，政治上蔣經國總統解除戒嚴，開放報禁、黨禁、兩岸開始三通交流。

全世界，柏林圍牆倒塌，蘇聯瓦解，歐盟走向統一。中國大陸則是歷經改革開放、天安門事件、經濟崛起。現在已與美國平起平坐。

跨入二十一世紀，科技主導改變了世界。現在一個手機，可以了解全世界、連絡全世界，幫助你做各種學習，也解決你食、衣、住、行、娛樂等生活問題。

我很幸運，做為一個記者，見證了這個世界快速的變化，也就是經常面對陌生的世界，把這些全新世界的變化，傳播、分析給大眾讀者。

在我採訪的過程中，有兩個最值得尊敬的人物：一個是蔣經國總統。一九八七年底，蔣經國總統接受美國《華盛頓郵報》的負責人凱莎琳・葛蘭姆（Mrs. Graham / Katharine Graham）訪問，在那次訪談中，他宣布台灣在第二年一月一日解除報禁、黨禁、兩岸開放探親。接著蔣經國總統就接受《遠見》雜誌我的訪問。我記得除了談民主、兩岸政策外，我特別問了他未來領導人物應該具備什麼條件，他說最重要的兩點是：品德和才能。他說：「領導人要：有所為，有所不為；知所變，知所不變。」

另一位是新加坡總理李光耀。一九九二年二月二十日，我記得非常清楚，前一天是鄧小平過世，全世界媒體都在追逐李光耀，希望他發表談話。當然我們在第二天也提出這個問題，問他如何評量鄧小平的歷史地位。他說：「鄧小平是一位偉人，如果沒有他，中國還會走老路，會像蘇聯一樣崩潰，鄧小平一九七六年採取改革開放，救了中國，十二億中國人才有光明的未來。」

採訪這些重要領袖人物，學到的是「縱觀全局、透澈事理、直指問題核心」的智慧。

在採訪工作四十年中，我當然有許多的機會，到世界各地，見到不同的文化與社會背景的人。

一位美國作家曾經說過，人類幾世紀以來最具道德爭議的問題，在十九世紀是「奴隸制度」，二十世紀是「極權主義」，到了二十一世紀，就是「貧富差距」。八〇年代末，正是一個全球許多國家從極權走向民主的年代，我當時在香港，做《中國時報》駐香港辦事處代表。

我在香港親眼目睹和採訪過兩批人的經歷，反映了脫離極權、嚮往自由的掙扎。一批是在颱風夜冒著生命危險游泳過邊界，從中國大陸到香港的文革青年，他們都是當年擁護過毛澤東、參加過紅衛兵橫行大江南北的大學生。覺醒後，義無反顧爭取自由，他們一批批游到香港，又被遣返回去，再逃出來，在香港謀生不易、辛苦過活。

另外一批是在海上漂流多日、無人願意收留的越南難民。當時基於人道關懷，全球把香港做為越南難民集中地，成立了難民村。我去採訪過這些人，週日還參加他們做禮拜。他們非常悽慘，擠在又髒又臭的濕地板上，不知道自己未來的命運會如何，但是寧可如此，也不願待在沒有自由的家鄉。

這就是我個人成長歷程中，體會到民主、法治的可貴；意識到一個國家、一個政府最終要給人民的，是快樂幸福的日子。

進入二十一世紀的前夕，中東以色列、阿拉伯之間的衝突就烽火不斷，世紀恩仇，很難化解。第一次世界大戰後，流竄遷移全球的猶太人，忘不了終有一天要重建自己的家園。一九四八年，他們終於在應許之地建立國家「以色列」。以色列和當時的台灣很像，四面敵人環繞，時時處於備戰狀況。猶太人和中國人也很像，重視家庭、重視子女教育。

因此我們決定去做一個「以色列專輯」。

從研究猶太人的歷史、宗教、文化開始，到採訪他們的軍事專家、移民官員，拜訪猶太經師、屯墾區。當時街上男女都荷槍、公車上每小時播一次新聞，人人隨時備戰。

猶太民族是一個堅毅、不妥協的民族，全球對猶太人的歧視、納粹的大屠殺、集中營的經驗，使他們深信：「猶太人對彼此都有責任」；我們在台拉維夫大學內「流散猶太人史蹟博物館」的牆上看到印著「記住過去、活在現在、相信未來」的提示。

如果我沒有去以色列做採訪，我不容易理解為什麼猶太人那麼強悍、那麼寸土必爭、絕不讓步。

這使我想起《紐約時報》曾經登過一篇報導：蘇聯軍隊攻進阿富汗，一位蘇聯兵進入阿富汗民房，看到屋內家徒四壁，空空盪盪的，什麼都沒有，只有牆上掛著一張阿拉的照片。蘇聯兵不解，這樣的生活你們為什麼還不改變？阿富汗人說：「你們和我是不同世界的人，你們不了解我們。」

我又想起十年前，《紐約時報》專欄作家紀思道（Nicholas D. Kristof）二〇〇六年在專欄中公開徵求一名新聞系學生，跟他到非洲採訪十天。

為什麼他要做這件事？紀思道哈佛大學畢業，得過最高榮譽「羅德獎學金」到牛津大學讀法律。他在二、三十年擔任《紐約時報》記者中，採訪過上百個國家、駐派過亞洲、歐洲、中東。因為了解不同種族、不同文化的差異，他對美國年輕人的「國際觀」特別關心。他說：「美國人不了解美國以外的世界，也不能站在其他種族人的立場看事務，所以在越南、在伊拉克，都惹上麻煩。」因此，他要帶美國優秀的年輕記者去看外面的世界。

這也就是我期望今天畢業的你們，「如果不跨出去，不接觸陌生人；你們永遠會在『同溫層』裡過自己的小確幸」。

《紐約時報》專欄作家湯馬斯．佛里曼以《世界是平的》一書喚醒全球化對各國的衝擊，最近他的新書《謝謝你遲到了》，再一次提醒大家，科技化帶給人類的變革。他在書中描述，全球流動加速，陌生人間的接觸是社會轉變的主要動力。因為這些陌生人有你不熟悉的新技能、新知識、新觀念，值得你去模仿、學習。

為什麼我說「年輕人接觸陌生人，是你學習的開始。」？我也提出四個理由。

(一)接觸陌生人，能幫助你走出同溫層，知道人外有人，天外有天；知道世界在變，新技術不斷在改。二〇〇五年佛里曼在《世界是平的》書中說：「美國的父母提醒孩子，你要好好學習，不然有一天，中國孩子就會搶了你的飯碗。」二〇一六年，他在《謝謝你遲到了》一書中又提醒我們：「今天許多企業負責人每天一早起來，都要看新聞，看看哪家公司關門了，看看下一個倒閉的會不會是自己？」

最近熱門的話題是ＡＩ，自從Google的AlphaGo擊敗了韓國圍棋高手李世乭，也擊敗了世界第一的中國圍棋手柯潔之後，人們開始意識到ＡＩ的POWER太強大了。根據李開復的分析，當ＡＩ來臨時，我們有一半的工作會被取代，那麼我們能做、該做什麼呢？我們可以發揮的是以人為本的愛心、服務。

（二）**接觸陌生人，你才會有同理心。**同理心和同情心不一樣，同情有點強對弱、上對下；同理心是平等、尊重，因為認識不同文化、宗教、背景的人，而有較正確的判斷和處理。

（三）**接觸陌生人，才會瞭解世界有好有壞，才能正向思考。**義大利著名女記者法拉奇曾經說過，她最遺憾而最想訪問的人是上帝。如果她有機會，她會問上帝：「你既然創造了好人，為什麼還要創造壞人？」後來我看星雲大師的書，才了解：世界本來就是一半一半的；有白天就有黑夜，有快樂就有悲傷，有成功就有失敗。重要的是你如何把好的一半擴大，去影響和減少壞的一半。

（四）認識到學習是永無止境。學習是從走出教室那一刻才正開始的。

十六年前，張忠謀第一次到北大演講，他不講台積電、不講企業管理經驗，他的講題是「終身學習」。我記得他當時說，他在學校的學習（應該是更早的一九六〇年代），畢業半年後，知識就不夠了，所以他到現在八十多歲了，還每天學新東西。

三十年前，我在飛機上看到新加坡《海峽時報》一篇文章〈如何當一個好記者〉，其中一項就是終身學習。它提醒好記者要熟讀經典，要隨時有一、二本書在手上，豐富自己的知識。它是這麼比喻的：一個好的拳擊手，是不可能靠十年前吃的那塊牛排打贏比賽的。

今年是政大九十週年校慶，從建校以來，我們就是一個以人文社會科學教育為主的學校，面對未來可能一半以上工具會被ＡＩ取代，只有人的愛心、人的關懷、服務，才是人類可以發揮的空間；我們更慶幸自己在對的道路上，因此請記得前面我提過的紀思道說過：「二十一世紀，如果你不了解另一半世界的人，你就不能算是受過教育。」

「走出去，接觸陌生人，認識大世界、學習新事物。」是我送給各位新校友的禮物，祝福大家！

第二部

專訪

時代的經典人物

人類歷史如大河直奔而下，
生命會隨時間消逝於歷史洪流中，文字卻記憶了永恆的聲音。
從亞洲政治典範、台灣重要經濟推手的歷史性專訪，
我們可以透過深刻的對話，了解時代人物為理想堅持，
在風雨年代下的魄力變革，
讓我們看見他們如何在歷史的軸線為繁華年代鋪路，
綻放理想的光芒。

一個決心積極革新的年代
——專訪　蔣經國總統

一九八七年十二月

一九八七年，中華民國在台灣的政府，解除戒嚴，開放黨禁、報禁，開放人民赴大陸探親……，決定這些政策，為全中國的民主以及中國人的前途布展新局的，正是七十八歲的蔣經國總統。

經國先生十六歲留俄。十二年的俄國歷練養成他在心智上和形體上超越常人的刻苦，「引發他相信，做為一個看得遠、看得大的國家領導人，一定要代表老百姓講話，替大多數人謀利。」立委蕭贊育觀察認為。

他也備嘗過改革的艱辛。在贛南行政督察專員任上，銳意革新，嚴懲貪汙；在上海又臨危受命，擔起人人皆知難為的「打老虎」工作。他的堅忍個性，尤其在掌握政局的「蔣院長」、「蔣總統」時代凸顯出來。他力排眾議，完成「今天不做，明天就會後悔」的十項建設，為台灣現代化奠下基石；他帶領全民度過中美斷交的逆境，以實質經貿力量重建中華民國的國際地位；他從未放棄革新的意念，晚年陸續宣布各項積極、開放、進步的改革措施。一九八七年，蔣經國總統當選《遠見》雜誌「遠見人物」，因為他：

- 高瞻遠矚，無私無我，為國家民主化布展新局，贏得國際支持。
- 堅定反共意志，把台灣建立成全中國同胞的希望。
- 深入基層，了解民意，掌握正確發展方向。
- 律己甚嚴，平實、平淡、平凡作風，深獲人民崇敬。

同年，蔣經國總統接受了《遠見》雜誌專訪，這是國內媒體第一次、也是最後一次的歷史性訪問。

問：請問總統就任九年多來，在國家政策推行方面，你比較滿意的是什麼？比較遺憾的是什麼？

答：我最感到滿意的是政府推行的各項政策和措施，都能獲得絕大多數民眾的支持。比較遺憾的是，政府的有些作為，還不能做到盡如人意、十分完美的境地。

問：這一年來總統已採取一連串革新措施，今後還要推動哪些重大改革？

答：執政黨在去年三中全會後積極推動六項政治革新，到今天已完成解除戒嚴，開放組黨也將在「人民團體組織法」修正通過後實施。其他幾項，諸如充實中央民意代表機構、加強地方自治、改良社會風氣與治安等議題也在積極研訂中。今後我們將繼續循著政治民主化、經濟自由化的既定方針，針對各個階段的進度與需要，衡酌輕重緩急，為所當為。我想說明最重要的一點，改革的步子一定不斷前進，但為了確保改革的成果，也一定要走穩。

行政效率如何改善？

問：這一年來總統推動革新的決心與遠見，無論是宣布解嚴、邁向更開放民主政策，或更自由的經濟政策，都受到國內外的普遍推崇。但是在這些開明的政策宣布後，社會上卻有許多脫法和脫序現象，一般批評是行政效率及執行措施未能配合政策，請問總統的看法如何？應如何改善？

答：最近我曾說過：「在連串改革之中，不免會有若干變動，也會產生一些新的現象」，你所說的「脫法」和「脫序」，也許就是其中一部分的負面現象。不過，我也曾說過：「我們要有革新，會有變動，但絕不能盲目亂動，更不能輕舉妄動，也就是一定要做到在安定中求進步」，這是我們必須守住的原則，我想政府的各個部門必將依循這個原則，依據有關法令去貫徹、去執行，否則一切改革都難以落實。

問：全國人民應如何建立共識，使國家在平穩中推進民主憲政？

答：在多變的時代和多元的社會中，要求全國人民建立共識，本非易事。雖然如此，以中華民國現階段的處境，在推進民主憲政一事上，我認為至少有兩點我們的國民應有共同的認知：第一，我們現行的憲政體制不可變，因為中華民國憲法是由國民大會受全體國民的付託所制定，遵守憲法所定的現行憲政體制，是政府與全體國民不可辭卸的一項莊嚴責任；第二，推進民主憲政與維護國家安全必須受到同等的重視，兩者相輔相成，並且皆以厲行法治為基礎。唯有尊重制度和法律，民主憲政才能歷久不渝，這也是政府制定國家安全法的精神所在。

問：政府已宣布開放民眾赴大陸探親，請問總統，除了基於人道的因素外，還有無其他考慮？

答：政府同意國人前往大陸探親，完全基於倫理親情的人道立場，並無其他考慮。當然，訪親的國人因此能夠親自體驗海峽兩岸同胞生活的懸殊，也可比較兩種不同制度的孰優孰劣，從而判斷中國的未來究應採行何種制度，方能符合國家利益與人民福祉。

大陸政策目標是什麼？

問：未來我們的「大陸政策」是什麼？希望達到什麼目標？

答：政府一貫的政策，是堅持反共立場，不與中共接觸、談判，決不妥協。因為我們要為復興基地的安全負責，要對中國前途負責，要對歷史負責，這個立場不會改變，未來也是如此。有些人士認為我們這個立場過於「僵」化，不足以應變，其實是因為他們不了解中共陰謀本質所致。中共的企圖是想運用談判策略，來獲得無法以軍事達到侵吞台澎金馬的目的，我們不與接觸談判，使其計無可逞。如果我們踏出錯誤的一步，就給敵人製造可乘之機。事實上，正因我們堅持這樣的不變立場，才逼使中共不斷改變其表態。所以與其說我們「以不變應萬變」，倒不如說中共以「萬變」應我們的不變，其間主動與被動的態勢應該非常明顯。

我們光復大陸的決心與信心，從未動搖。我們希望達到的目標就是：以我們三十多年來積極建設的成果，爭取大陸民心，擊敗共產極權，使全體中國同胞都能在三民主義的制度下，共享自由、自主、幸福的生活。

問：你認為未來中國應以何種方式統一？應如何才能一步步達到統一的目標？

答：中國必須統一，也必將統一，但絕不是統一在馬列主義的共產極權制度之下，而必然統一於自由民主的三民主義制度之下。這是全體中國人的強烈願望，並且已經匯成巨大的力量，正在推動中國歷史的腳步朝此方向前進。我們深具信心，只要我們復興基地在以往建設成功的基礎上，繼續加強政治、經濟、社會、文教各方面的努力，大陸共產制度必為全體中國人所唾棄，未來中國必有光明的前途。如果中共能為中國人民及中國未來著想，就應該放棄其「四個堅持」，回歸三民主義，才能達到統一的目標。

問：中共從未放棄以武力侵台，如果用武力封鎖台灣海峽，我國自衛能力如何？從美國方面可能得到什麼幫助？

答：中共從未放棄以武力侵台的企圖，因此國軍多年來一向保持全天候戒備，不論中共用何種方式進犯，國軍都有信心、有能力予以痛擊。我們一直憑著堅強的反共意識與旺盛的戰鬥精神及實力，以維護自身的安全，從未存有依賴外力的心理。

變局中需要什麼樣的領導人才？

問：總統曾經昭告國人「世事在變、局勢在變、潮流也在變」，請問總統希望培植出什麼樣的領導人才來因應變局？你遴選人才時主要考慮哪些條件？

答：變局中領導人才最重要的條件就是有所為，有所不為；知所變，知所不變。我在遴選人才時最主要考慮的是品德與才能。

問：全國同胞都關心總統的健康，能否請總統談談你的健康情形？

答：謝謝大家的關心，我經常做健康檢查，除了腿部因受糖尿病的影響行動不便外，一般均很正常，我照常處理公務。

問：新年將屆，請問總統對國人有何期勉？

答：新年總給人們新的希望。我和大家一樣，也望來年比今年更好，特別在我們決心積極革新的年代，更望大家對各種事務的看法，不能只顧眼前，更多展望將來，正如貴刊所取的名稱「遠見」與「天下」，應有更寬闊、深遠的視野，放眼天下。

不隨西方價值起舞的東方領袖

——專訪　新加坡資政李光耀

一九九七年三月

沒有新加坡一九六〇年代的特殊政經生態，就產生不了李光耀這樣英雄氣質的領袖；沒有李光耀這樣的領導魅力，也就不會有一九九〇年代「小而強」的新加坡。

中國歷史中「時勢造英雄，英雄造時勢」的經驗，在一個非中國而又深受中國文化影響的彈丸之島上，得到了另一個印證。

新加坡建國的重重危機，到今天在全球競爭力排名中，名列前茅的榮耀，實在是四小龍中最有前瞻性的一條龍。

集「新加坡奇蹟」締造、推動、鼓吹於一身的，就是被新加坡尊稱為資政的李光耀。

這位敢對西方領袖與西方媒體說「不」的東方領袖，來自他領導政績的出色、受到選民的持續支持，以及治國理念的自信。

對李光耀來說，民主與自由不是唯一的美德；安全、整潔、公平、正直、健康、有秩序、有紀律、有效率也是同樣的重要。

當這些目標偶然互不相容時，政治領袖就要有勇氣與智慧，根據新加坡的國情與民眾的需要，做出優先次序的決定，而不是不加選擇地隨著西方的價值觀起舞。

一九九七年二月二十日下午，正是鄧小平去世次日，當世界媒體追逐要他發表意見時，在他資政辦公室，身著白襯衫與夾克的李資政，儘管比平時更忙碌，仍抽出一個多小時，接受了專訪，暢談當前重大問題及兩岸關係。

問：鄧小平先生剛剛過世，你跟他有多次機會見面，請問你怎麼樣評估鄧小平在中國歷史上的地位？

答：鄧小平先生是一個偉人，如果沒有他，中國大陸可能會繼續過去的老路線，結果像蘇聯一樣地崩潰。一九七八年，他改變過去共產主義的政策，採行改革開放，拯救了中國，今天十二億中國人才能夠展望光明美好的未來。

問：一九七八年鄧小平先生曾經到新加坡訪問，你那次跟他的談話，是不是對他那一年決定推動中國的經濟改革有很大的影響？

答：我不敢這麼說。當時他告訴我，一九二〇年他去法國時路經新加坡，那時新加坡還是個相當貧窮落後的地方，事隔五十八年，他看到一個截然不同的新加坡，為此恭賀我。

我告訴他這是因為新加坡地方小、人口少。他說：「如果我只要管理上海的話，也許很快就可做到這樣。」

問：你認為現在中國大陸在江澤民的領導下，在政策方面會有什麼改變？

答：我不覺得政策上會有顯著改變。江澤民實際掌握政權已經將近一年半到兩年。如果政策會有一些改變的話，也許是反映出他個人對某些問題的看法稍有不同。

但是整體的政策，特別是涉及跟美國、東南亞以及東協國家之間的政策，應當不會有顯著變化，這是領導階層的共識。

問：你覺得江澤民的領導權力，在中國大陸會不會受到挑戰？

答：目前不太可能。在鄧小平過世之後，領導階層們都知道此時應當團結一致。

問：你一直很關注海峽兩岸之間的關係，在一九九七年二月十日的一篇演講裡，你談到兩岸關係時，似乎覺得美國、北京跟台北之間的緊張情勢有所改善。目前鄧小平過世，你覺得台北跟北京的關係，是不是會比以前樂觀一點？

答：我不敢說會更樂觀，兩岸關係基本上是一個「信任」的問題。你們的總統（李登輝）不信任他們；他們也不信任他。彼此的猜忌也相當個人化，這使得問題變得複雜。

但是另外一方面，北京也很慎重，他們已經向世界顯示，特別是美國以及台灣，如果超過一定界限，他們會採取行動，而我也相信他們會。我希望在台灣的人民，要充分了解這一點。因為美國早已清楚講過，如果台灣獨立，就只能靠自己。我想美國是言行一致的，他們不是要恐嚇台灣，而是說明立場。

問：剛才談到北京跟台北雙方缺乏互信，你覺得台北跟北京怎樣可以重建雙方的互信？

答：這要看李總統是否能夠修正他過去說過的一些話，而這種修正也能代表他真正改變，中國大陸方面也相信他內心改變，那當然就有助於互信的建立。如果他內心沒有改變，只是說說而已，那麼就不可能改變今天雙方彼此的不信任。這是一個殘酷的現實。

問：北京能夠做些什麼來表示對台北的善意，或是增加台北對他們的信任？

答：他們對李總統能夠表達的善意相當有限。當然我的判斷也不一定正確，但這是我根據他們所說過的話做出的判斷。他們用過某些話、某些辭句來形容中華民國總統，要改變北京這種定見是很困難的，因為他們下這個結論十分小心。除非台灣確實地改變，而不是表面功夫，才能消除這種定見。也許我們可以看看三年半之後有什麼變化，或者李總統還要連任四年。

治國需符合人民利益

問：新加坡是少有能對美國說「不」的國家，這當然顯示出新加坡領導者的正直與自信。能不能稍做說明？

答：我們並不想跟美國爭辯，但是我們是我們，當別人告訴我們該怎麼治國，而我們認為不對、不該那麼做的時候，就必須說「不」。我們也不會告訴美國人怎麼樣治理他們的國家，這樣做是很魯莽的。

美國人經常告訴全世界該怎麼樣做，有些國家需要依靠美國，也許得認真考慮他們的意見。新加坡獲益於美國在東亞地區部署的安全系統，但新加坡不是美國的衛星國家，也不是隸屬國。我們治理新加坡的方式，是要符合新加坡人民的利益，並不一定要依照他們的民主和人權理論。

如果這些理論在菲律賓、南韓、台灣實行得很成功，社會安定、經濟繁榮、有秩序、有創造力，每個人都可以平和地表達自己的意見，那麼我們很願意試。但當我們看到這些理論帶給社會的諸般問題時，我們就想「再等十年，就可以看到結果了，如果結果證明我們錯了，我們就改」，我想這很合乎情理。

再談到美國，我們試問美國人，新加坡的選舉是騙人的嗎？我們買票嗎？還是這是新加坡人民經過審慎考慮做出的抉擇？新加坡反對黨一開始就承認人民希望人民行動黨（PAP）執政，所以他們連超過半數的席次都不想要。反對黨因為想贏，所以就說：「讓我進入政府，做一個異議份子。」有兩人因此進入政府。照規定，我們也允許第三個反對黨人士進入政府，這有什麼不民主的地方？就因為美國人說我們需要更多的反對黨，新加坡人民就要去改變嗎？我認為這樣不合理，現在當政的年輕同僚也不認為合理。

不要弱勢領導者

問：以你來看，在新加坡、台灣或中國大陸，一個受人尊敬的優秀領袖，應當是怎麼樣的？

答：我認為這是三個很不相同的社會。新加坡是一個多種族國家，這問題比較複雜，如果你太強調華人，其他四分之一的族群——馬來人、印度人和其他族群就會很不舒服，所以應當要平衡。但如果我們變成非華人社會，就會失去一切。我們必須在不威脅到其他族群，以及他們的語言、文化，並且讓各族享有公平的經濟環境、工作、教育、發展機會的狀況下，才能成為一個華人社會。當然，我們要重視占七五％多數的華人。

所以做為一個領導者，必須去回應或是遵行華人傳統習俗與思維。領導者必須正直、公平、強勢。我不認為華人想要一個弱勢的領導者。

台灣與中國大陸完全都是華人社會，但也各有不同之處。我曾經到過台灣與福建，尤其是台灣經過日本五十年統治、國民政府五十二年統治之後，與美國、西方和日本有密切關係。這帶給台灣社會一些改變，這些東西是在福建看不到的。但是卻有七〇%相同點，因為雙方基本上都是中國文化，受中國歷史、古諺俗語的影響。

他們都期待一個正直、公正、公平的政府，領導者以身作則，任用好的官員、顧問與清廉的公務員。

經過這麼多年的變化，中國人所要的是一個好的政府。如果民主政治能夠產生好的政府，中國人當然贊成民主；但如果是為了達到民主而不計代價，導致無法組成一個好政府，我相信他們還是會選擇要一個好政府。

我知道講這話不受人歡迎，但我還是要說：「美國的自由派人士認為他們那套關於民主的說法，可以讓世界變得更美好，對此我不以為然。」

問：即便在歐洲，也有人提出民主政治並非是經濟發展的先決條件，你認為呢？

答：本來就不是。不然，有些國家並沒有美式民主，而經濟成長快速，但有些國家擁有民主政治而經濟發展得不成功，該怎麼解釋？特別是菲律賓，先有五十年美式民主的洗禮，脫離殖民統治也超過五十年了，為何經濟發展不成功？

國際化外，死路一條

問：你一向很注意西方社會的價值觀對東方社會的影響，能不能談談典型的美國人和中國人以及日本人三者有什麼不同？

答：定義何謂典型的哪一國人是很困難的事。如果用傳統的印象來看，美國人支持「小政府」，就是政府要少干預人民的事務，盡量讓老百姓自己去處理，人民可以暢所欲言，享有充分的言論自由。美國人要求政府多提供服務，但是自己要少付稅。他們將事業成功、生活愉快當成自我實現的人生目標。因此，如果有人婚姻不美滿，他會選擇離婚，另組新家。

美國人對個人自由的看法，跟我們東方人很不一樣。例如，中國人和日本人就很重視家庭在社會中所扮演的角色。如果在中國或是日本社會發生家庭破碎的事件，它甚至對於整個社會都可能造成傷害。因此，雖然家庭失和乃至於離婚率在新加坡，甚至在香港和台灣都日漸攀升，人們仍舊不認為這是理所當然。大家總會想到一個問題：小孩子怎麼辦？

美國就不一樣了。他們不太在乎這些可能的影響，甚至又向前邁了一大步——女人不必結婚也能生小孩。這樣的社會當然很不一樣。

幸運的是，如果這事情發生在新加坡的話，當事人和她的家庭都會覺得很丟人。這是幾千年經驗累積得來的成果：家庭在孕育栽培下一代的事情上，居關鍵地位。

有些政策的後遺症要隔兩三代才看得出來。為求保險起見，我寧可先觀察別的國家推行兩三代後的結果，再決定是否跟進。倘若結果不理想，我們就還是維持已經流傳四、五千年的傳統做法。

問：最近三年以來，新加坡一直高居全球國家競爭力排行榜第二名。你可否指出其中有哪些關鍵因素？

答：一九六五年新加坡獨立成功時，我們就開始思考自我謀生之道。因為馬來西亞和我們畫清界線的同時，也等於在經濟上和新加坡決裂。新加坡試過很多策略，例如進口替代、補貼本國企業、進口設限等。多年來，我們得到的結論是——除非國際化，否則死路一條。

我們採取的第一項策略是，跳過鄰國直接和具有雄厚購買力的已開發國家，如美國、日本、歐洲，貿易往來。我們邀請這些國家的跨國企業來新加坡設廠，然後將產品外銷回去。因此，打從一開始，新加坡就擁有既先進、又富競爭力的製造業。

我們的第二項策略是，把位在第三世界的新加坡，變成擁有和第一世界相同的生活水平。外國人不用擔心醫藥衛生服務和治安不好，我們的通信設施便利，政府也有效率。換句話說，先進國家的企業如果要來第二世界做生意，他們會選擇新加坡為基地，因為這裡的衛生條件、醫療品質、教育水準，都和已開發國家相距不遠。

我們鞭策自己全力追上已開發國家的生活水平，因為如果不這樣做，我們就沒有明天。

以新加坡航空公司為例，它不能光靠三百萬新加坡人，而是要依賴五千五百萬的英國人和一千七百萬的澳洲人，乘客七〇%是外國人。

新加坡必須和每個人競爭，否則就得坐以待斃。以新航為例，它唯一的本錢是新加坡的地理位置，加上很好的機場、方便的通關手續、良好的服務態度和飛安紀錄，從機場到市區的交通也很便利。簡言之，如果沒有效率，新加坡根本難以生存。

貨櫃碼頭也是如此。新加坡八〇%以上的貨櫃輪都不是本國籍。從印度馬德拉斯出發到歐洲的最新型貨櫃輪船，不可能在中途碼頭等上兩三天。在新加坡，一切電腦化，幾小時之內，貨輪都可以上下載運完畢。

問：你認為新加坡的競爭力能持續嗎？

答：如果我們不繼續保持競爭力，就會沉掉。

問：做為一個元老政治家，你擔不擔心年輕一代新加坡人的價值觀和紀律？

答：到目前為止還好。他們要得更多，但是工作也更賣力。他們不會坐享其成，而是了解到：一分努力、一分收穫。

一〇％到一五％的新加坡學生曾經出國或在外留學，他們可以親眼目睹世界是什麼樣子，並且拿我們的處境和歐洲、紐澳、美國或台灣相比較。

成為已開發國還需一代時間

問：去年歐洲的經濟合作暨開發組織（OECD）指出，新加坡是一個「比較先進的開發中國家」，在新加坡引起很多討論。你怎樣看待這個問題？你是否認為新加坡足以和其他許多已開發國家並駕齊驅？

答：我不認為如此。要使新加坡成為一個已開發國家，還需要一代的時間。

新加坡之所以能有今天這點成就，是因為我們向外舉才；我們的競爭力來自於向全世界甄拔人才。要趕上已開發國家，我們必須培養出自己的頂尖人才。你看我們的企業，看看我們名列前茅的銀行，有多少家是外國人管理的外商銀行？沒錯，幹部是新加坡人，他們固然在學習，但還談不上擔負大任。所以我們不能自認為足以與已開發國家並駕齊驅。我曾經提醒國際貨幣基金會和OECD，要是沒有這些外國人的投入，新加坡就不可能如此成功。

問：但是新加坡的國民平均年所得如此高？

答：沒錯，但這些所得並非全部生產自新加坡的國民。我們引進其他國家的尖端管理人才和其他國家的尖端工程師。

問：面對即將來臨的二十一世紀，你對新加坡本身最大的憂慮是什麼？

答：我有兩大憂慮。首先是國際局勢，因為新加坡的處境頗類似當年的威尼斯。小國依靠的是和平的國際情勢、國際法律與秩序、權力平衡，再加上聯合國。如果世界不安定的話，就會發生大魚吃小魚的狀況，我們也就無法生存。因此新加坡希望的是一個安定的國際大環境。當然，新加坡的情況不能和台灣相提並論，因為是馬來西亞要我們脫離的。但日本人卻從中國那裡奪走台灣，所以中國想把台灣拿回來。

就內部而言，種族和諧是我國持續成功發展最重要的先決條件。換言之，我們必須確保所有的少數族群，都能與居多數的華人泰然共處。如果他們覺得和華人相處不舒服，甚至有遭到壓迫的感覺，那麼新加坡將淪為另一個黎巴嫩或貝魯特，屆時新加坡將會分崩離析，因為族群差異太大，根本不可能融合為單一民族。我們必須相互尊重彼此的差異，和諧共處。

問：面對二十世紀，亞洲國家如何可以跟西方先進國家平等共處？

答：我認為隨著東亞國家經濟實力壯大，愈來愈多受過高等教育的人能夠與西方國家平等對話，西方國家的態度自然會改變。目前西方國家潛意識裡仍帶有某些優越感，自認為有權稱讚或指責我們，以為他們稱讚我們就該高興，他們指責我們就該難過。其實我們早就走過這種階段，但他們還需要一段時間才肯承認這一點。

多一個傻瓜，沒有壞處

——專訪　台灣經濟推手李國鼎

一九八七年六月

李國鼎是一位中外公認的台灣經濟發展功臣。他對工作的投入，對各種問題的關心、大力延攬人才，以及思考的縝密、推動的積極，是政府首長中罕見的。他據理力爭的執著，贏得尊敬，也帶來批評。

一九三四年他考取公費留學，赴英國劍橋深造。一九三七年抗日戰爭爆發，九月底他放棄博士學位，返國與國人共赴國難。從當時返國擔任武漢大學教師，到一九八七年受聘為總統府資政，五十年的努力，也正是國家半世紀以來艱苦奮鬥的縮影。

問：你的公務員生涯長達四十年，能否談談從大學時期開始就有哪些抱負？

答：我讀書的時候，並沒有想到國家會給我這麼多機會參與這麼多工作。中學的頭兩年，我還是個頑皮的孩子，讀很多小說，下課後常跑到城門去玩，但功課還跟得上。到了第三年才開始認真讀書，也碰到好的數學和化學老師，興趣就轉到自然科學。我最大的興趣是數學。民國十五年考進東南大學（國立中央大學的前身）數學系，讀了兩年。因為數學系的老師多半年紀大、記憶力不好，把我的興趣給抹殺掉，於是改念物理系。讀書的時候，我很活躍。不但在學校裡組織物理學會，編手冊蒐集諾貝爾獎歷屆得主的資料，還參加中華自然科學社，和其他系的學生常聚在一起討論科學問題。

民國二十三年報考留學時，我數學考了滿分，為全校最優。當時是南開大學名教授出題，他來找我：「為什麼不去英國讀數學？」而我當時在大學時，物理科中我最喜歡「放射線物質」這門。英國有一位物理學家羅塞福特勳爵所撰「Radiations From Radioactive Substance」中探討核子構造、電子運行，把我帶到新的境界，引發我留學英國劍橋的興趣，想追隨他研究，總算如願以償。

我們在留學時代的抱負，是希望回國後能創造科學研究的環境，不必到國外去留學和讀學位，才能使學術生根。

回國參加對日抗戰

問：台灣的經濟發展歷史中，有很多位功臣都不是學經濟出身的，像尹仲容先生念的是電機，嚴家淦先生念化學，你學物理，趙耀東先生學機械。能不能解釋一下，為什麼你們在財經方面有這麼大的貢獻？

答：我不敢說有很大的貢獻，學理工科學如果基礎打得好，面對問題如何分析，如何解決，科學方法很有幫助。同時比較容易產生客觀看法：如能彙集經驗，把握時機做負責的決定，即是成功的因素。

以我個人來說，我很幸運能有機會為國家做事。回憶一九三七年七月七日，蘆溝橋事變發生時，我的指導老師勸我回國參加戰時工作，同時政府也派人來安撫海外留學生：「你們手無縛雞之力，還是好好讀書，等戰事結束，再回國幫政府做國家建設。」而我們這些學生，從小學、中學到大學一直受日本帝國主義的侵略，比方小學時候已經遊行叫喊「還我青島」，一刻也不能忘記，於是我就毅然整裝返國了。

我先進防空學校的照測總隊，管理照空燈和測音機的安裝維護修理和訓練使用，因為這和我所學的最接近。做了幾年，我的興趣轉到工業方面。當時中央大學雖然也請我回去教書，但我覺得那時有更重要的任務，就是「如何把仗打贏」，於是到重慶去參加資渝鋼鐵廠。就是這一念之變，使我的人生旅途整個改變。

問：你參與財經決策將近三十年，覺得有那些財經政策真正發生深遠的影響？

答：最重要的財經政策，民國四十年代大約有：一、政府控制通貨膨脹，建立預算制度，妥善運用美援，供應民生必需品；二、實施土地改革，增加農民收益，提高土地生產力；三、推行進口代替工業，節省外匯；四、四十年代末期，經濟漸趨穩定，實施單一匯率制度，使新台幣有適當價位。

民國五十年代：一、實施財經十九點措施；二、獎勵儲蓄、投資及出口，並通過獎勵投資條例，民營出口工業迅速成長；三、建立加工出口區制度簡化手續，外資、僑資及本國資金共同發展以出口為主的工業；四、推行賦稅改革，尤其直接稅的稽徵，作業電腦化。

民國六十年代因應國際金融危機、穀物不足危機及能源危機，我國推行十項建設，大量在交通及重化工業投資，使經濟提前復甦。此一時期逐漸建立票券市場及外匯市場，增加彈性；在六十年代末期重視科技研究，同時推動新竹科學園區發展技術密集工業。

七十年代承第二次能源危機延長影響，投資意願不旺，但是仍間隔有高成長的年份，連續五、六年來出超累增。一九八六年油價及國際物價大跌，造成有利出口環境，因而出超擴大；但進口大幅放寬，關稅降低，惟對外資本流動未能及時放寬，導致外匯彙積，在這一方面時差略大。

大體而言，三十年來經濟政策都能跟需要配合，有點時差，但不太大。

更重要的是，我們的政策沒有搖擺不定，方向是一致的。在保持穩定的物價、出口等方面都不錯，近幾年來就是在促進進口和放寬對外投資方面慢了一點，不像當年推動出口那樣出力。

第二是投資意願衰退的問題，在經濟因素方面，工商界肯花錢做研究發展的不多，希望他們的第二代企業家能夠轉向。在非經濟因素方面，有許多複雜困難的問題，我也不是內行，只知道有其影響。

一個補救的方法便是政府找專家找尋投資機會，鼓勵大家投資較大的，如超大型積體電路計畫，需兩億美元以上，因為時機良好，政府參與的股份不超過一半，其他吸收外資和國人資本，國人資本係勸募而來；其中三分之二是資本，三分之一為中長期貸款。

現代首長難為

這一個計畫有幾重意義，第一，國內技術發展已有初步基礎；第二，代客戶製造，客戶提供設計及行銷；第三，說明我們工業家投資在轉向；第四，這是現代的經營方式，有錢出錢，請專家人才管理。如果能多發掘幾個這一類計畫，一方面可使工業真正升級，一方面可增加投資，甚至可以透過資本市場吸收大眾資金。

現在的社會和過去不同，因此現在的財經首長分外難為，常常說話被斷章取義，也有報導消息採用夾敘夾議式，要更正也無從更正起，也有積非成是，創造民意。我本人認為經濟發展的過程中，若干觀念必須視內在外在發展情勢而改變，大眾傳播工具是很重要的工具，以求好求真的方式去做，保持一定水準，做到不譁眾取寵，對國家和人民都是有益的。

問：你在科技方面花了很大的心血，尤其是這幾年，你對我國科技發展看法如何？

答：蔣總統經國先生任行政院長時，我於一九七六年六月調任政務委員，十一月指示成立應用技術研究發展小組，協調聯繫各部會推動有關科技的工作，目的在以科技支援國家經濟、民生及國防三方面的進一步發展。

孫院長就任後即著手草擬科學技術發展方案，一九七九年五月公布，涵蓋各級科技人才的教育、技術的引進、國際的合作。科學園區的設立吸引很多有經驗的學人返國創業。一九八三年三月又通過了科技人才培育與延攬方案，重點在加強師資及研究生獎勵，一面由國科會支援國外學人回來擔任客座教授，一面對國內做研究的優秀教授頒予獎助金，以安定其生活。對碩士、博士研究生，則設立獎學金俾專心讀書研究。幾年來質和量皆有進步，提高了碩士、博士水準，充實師資及設備也做到。這正是我當年留學時的想法。

近四、五年來，各國立大學理工研究所有相當的充實，國內的研究環境也在不斷改善，較大規模的研究所也逐漸形成，優秀的大學生留在國內深造後即參與工作，如果在若干制度上障礙陸續排除，在五年至十年以內，一定有顯著成效，陸續會有國際水準的教學研究單位出現。

總之，我們過去對於若干重點科技，尤其是資訊與電腦若干課程的教授，在美國也缺乏，在我們的方案中，教育部支助各大學去延聘海外人才，辦理六週至十二週的暑期班，有幾位一同回來開課，教授、副教授、講師及博士班均可選修，以補充師資人才的不足，因此效果很好。在制度上，以古人「不患寡而患不均」的哲學，加上齊頭主義，所以缺乏彈性，這幾年的努力在增加彈性上，已見到效果。

在科技發展方案上，政府選擇重點科技項目予以充實，例如材料、資訊、自動化、生物技術、B型肝炎，皆有顯著成效；在資訊方面，除大學研究所充實外，陸續由資訊工業策進會辦理補充教育，自專科、高中、高職所需電腦師資均已訓練完畢，現在進入了國中階段，而每年辦資訊週、資訊月等等活動，我曾收到許多公私立中學校長、小學教員寫來的信，告訴我們他們做了什麼，要我去看。

去年，我收到鳳山五甲國小一位溫老師的信，他說好不容易申請到二十萬元，在小學裡教電腦，用的是美國發展的一套專給小學生用的標準語言，並做人工智慧的實驗。後來請一位聖地牙哥加州大學的教授回來參觀，也說五甲國小做得不錯，後來高雄資訊月開幕前夕，我打了電話找溫老師，叫他開幕當天去參加，到主席台上，把他介紹給大家。像資訊月這種活動，可以普及資訊知識，讓很多人都來動腦筋，並得到很大的鼓勵。

問：你一直很關心人才外流的問題，依你看，最近幾年的情況是不是好了很多？

答：外流還是很嚴重，每年出去五千多人，回來一千多人。但我們用種種方法吸引他們留下來，希望留下來的人就多了，一九八三年人才培育方案修改了現行的規定：重點科技研究所現在可以根據研究生人數增加教授名額，不限於五員一工。其他如缺乏大學畢業的機械系、電機系人才，需要增班的問題，我們也在設法解決。

新儒家哲學的影響

問：你曾說：「非經濟因素常常影響經濟發展」，以及「不可能經濟進步而觀念落後、道德落後」也是你提倡第六倫的原因。不知道最近的觀察如何？

答：這已經愈來愈明顯了。我覺得三十年來，從五千年傳統的農業社會和關閉性的大陸經濟，變成一個工業社會和開放的海島經濟，若干部門隨著改變了，若干部門傳統文化思想仍在籠罩著我們，而外來的次文化，適合年輕人的胃口，很容易傳播流行，而維護傳統思想的長者自然不肯放棄古人學說而全盤接受，以為放諸天下而皆準，但是年輕一輩的人，既不能照單全收，只有徬徨而無歸宿。

近來談論西太平洋日本及亞洲四小龍經濟發展迅速，由於新儒家哲學的影響，在吉田茂所撰的《明治維新一百年》一書中，即提到當西方文化侵入日本，日本人受了中國文化，尤其是孔孟之道影響，徘徊歧路，其中最重要的「王何必曰利，亦有仁義而已矣」；西方則以利潤為最重要的鼓勵，後來日本決定做選擇性的取捨，而以維護儒家哲理而不衝突的範圍接受西方文化，也就是摘取二者之長。

新加坡政府在一九八一年開始成立一個亞洲哲學研究所，研究範圍涵蓋新加坡各民族的哲學在內，包括儒家哲學、基督教、伊斯蘭教、印度教、錫克教的哲學在內。在儒學方面延聘我國八位學人（六位來自美國，兩位來自中華民國），研究如何將儒家哲學選擇性的介紹給中學生。一九八二年道經新加坡，拜會當時兼教育部長的吳慶瑞副總理見告此一決定，一九八六年赴歐日開會道經新加坡小留，再訪教育部，聆聽工作進度。舉凡中學兩年儒家哲學選科課本、課外參考教材、師資參考書及英文本皆已出版。我深深感覺新加坡主政者用心之苦，他們很怕新加坡的華裔子弟徘徊而忘記文化根源，使我有「禮失求諸野」的感覺，我也很惶恐，不知從何去推動這一項重要的工作。

應問能為國家做什麼

問：你認為現在的年輕人對國家應有怎樣的情操？該怎麼做？

答：美國故總統甘迺迪生前有句名言，他說：「不要問國家可以為你做什麼，要問你可以為國家做什麼？」今天的年輕人應該要有這種抱負，所以我認為第一點國家觀念還是很重要，「讓國家更強大、更進步」的基本信念要有，如果覺得愛國不要緊，愛鄉才要緊，這是狹窄觀念，現在很時髦是鄉土觀念。

這樣下去，胸襟會變得很狹隘。譬如，只講鄉土文學的重要，忽略歷史文化的重要，事實上鄉土文學是歷史文化的一小部分。你應該把你的胸襟局限在一個鄉跟一個縣呢？還是在時間上你追溯五千年呢？在空間上你放眼看中華民族的足跡所至的地方呢？

第二點是公私的關係。嚴家淦先生當行政院院長時，到經濟部來講話，他說社會上有四種人，第一種是公而忘私，第二種是公私分明，第三種是假公濟私，第四種是以私害公。現在「私」似乎在社會上占很重要的一部分，這跟我們年輕的時候很不一樣。我從來沒有想過「我在別人眼裡的形象如何」，只是覺得該為國家做的事就去做，而且做了心安理得，同時我看準要做的事總是鍥而不捨。我太太常說我是傻瓜，我說：「中國人『聰明人』太多了，多一個『傻瓜』沒有壞處。」

我工作的機關沒有一個是我自己的人，我從來不以鄉鎮、學誼、戚誼來考慮用人。主要的原則是待人以公平，一樣地給他機會，用人的長處改善其短處。因此凡有能力的均可脫穎而出，沒有差別，這是我一生最愉快的事。

宗教帶來智慧與力量

問：大家知道宗教對你發生很大的力量，能不能談談你對宗教的看法，及它對你的影響？

答：我太太是從小就受洗的，雖然她也希望我受洗，但從不勉強我，星期天有空偶爾也和她上教堂。後來，在一九六三年發生了一件事——那時候，尹仲容先生剛去世，擔子落在我身上，又分別隨陳副總統、楊部長到菲律賓、越南、泰國訪問，二個月出國三次，很忙累，還必須到國防研究院受訓，胃裡開始不舒服，去照相之後，醫生說胃裡有東西，必須到國外治療，我太太非常憂愁，張繼正夫人也常來陪她為我禱告，到美國檢查，結果沒事，也沒開刀。

回國後，我決定做兩件事，第一件是開始運動，第二件就是去聽道，因為這件事使我覺得神在照顧我，也較有規律的參加主日崇拜。到了一九六六年，也就是我到經濟部的第二年，漸漸感到事務的繁重和政治的壓力，覺得自己的智慧、力量都不夠，需要一個信仰，就在耶誕節受洗了。

受洗之後，我覺得聖經裡講的話，很多都打動我的心，因為人在日常生活中、工作中，會遇到很多問題，但宗教的道理會使你放鬆，給你智慧解決問題。後來到財政部，負擔更重，更需要一個心靈上的寄託。

問：你看台灣的現在和未來，擔憂的是什麼？

答：目前許多制度要變，需要有較大幅度的改革，但要以什麼方法變，我還是想不出方法。如果最根本的觀念沒有變，其他政治上的革新不容易有太大的效果。最近提出要整治淡水河，現在已有一個初步方案，但執行時有一個很大的基本問題，在首都一條河分屬於兩個行政區的例子，世界上找不到幾個。泰晤士河、塞因河、漢江都在同一個行政區裡，而我們的淡水河就不是。如果今天台北市有錢，做了很多整治河川的工作，而台北縣仍往淡水河倒垃圾，怎麼辦呢？

所以大台北行政區域必須要擴大，才能在有效的統一管理下，把大台北盆地治好，這需要社會整個觀念徹底改變，我們身在此地只有把整個台灣弄好，為全體人民的利益著想。台北市改制二十年，而行政區域問題在這十年來人口都市化愈來愈嚴重，由於一部分人反對，也拖了十年，要不要改呢？要改，就要有特殊的做法才行，可否試試看讓公民來投票，決定大台北行政區域範圍呢？

此外，我一直有個理想，希望在台北市以外的地方有計畫多投資，像醫療設施、學校的分布，使人民不必為了醫院、學校而搬家。要處理人口遷移帶來的問題，必須以大型經濟或社會計畫為中心，多開發一些由北到南較偏僻市鎮，滿足人民的需求。醫療網就是從這個理想發展出來的。農民最多的地方是醫生最少的地方，但是民意代表催促政府增加農民醫療保險，因此我支持衛生署興辦群體醫療中心。

我們的農村裡沒有醫生，有醫療中心。事實上，目前開發的五十個群體醫療中心多是「無醫村」，其他也是醫生很少。醫療中心成立後，陽明醫學院第一班畢業生已去了二十多人。去年召開行政會議，醫療保健組的中心主任都受邀參加，這表示我們是整體、從上到下，真正能做到醫療資源的分布。我希望台灣地區的人民，在一小時的行車距離內，也能得到像我所受的那麼好的醫療照顧。這是我有生之年想繼續做的事。

畢竟我不是懂政治的人
——專訪　魄力首長趙耀東

一九八七年六月

在財經首長中，趙耀東被認為是最具魅力，也最引起爭論的一位。這正是他強烈的使命感、直話直說的硬朗性格，和無欲則剛的瀟灑氣度所造成的。

認識趙耀東頗深的王昭明先生曾這樣描寫他：「他常常發表居安思危的言論，但言多招忌；他重視掌握機先，但又被認為輕舉妄動；如果在清末時期，我相信他是一位黃花崗烈士型的人物。」

問：你對年輕人最大的期望、要求和批評是什麼？

答：我覺得今天的年輕人很可憐，處在一種徬徨的狀態下。歷史、文化、父母、老師、社會等等的壓力，使每個人都惶惶然。如果問到中心思想究竟在那裡，恐怕沒有幾個人答得出來。我們這一代年輕的時候，因為五四運動剛過，是整個國家憂患意識最強的時候，「只有國家、沒有自己」是我們讀書的時候追求的目標，有了目標就不至於徬徨。

另一方面，社會上的價值觀混亂，輿論也沒有告訴年輕人何謂正義公理、何謂是非，使大家陷在疑惑中。我常勸年輕人應該努力發掘、認識自己，不必和別人比，也不一定要以哪一個人為效法對象，因為每個人的聰明才智和際遇都不一樣。最要緊的，就是要找出自己覺得有意義的方向。

問：你對人才的外流和內流方面有什麼看法？

答：現在已經不是戰爭時期，不可能再叫每個人犧牲享受、享受犧牲。我認為只要國內環境好、有發展前途，人才就自然會內流。如果環境不好、沒有發展前途，即使不准出國，也不過是把人才浪費掉而已。

問：你贊不贊成高中生畢業出國？

答：高中畢業意謂著基本的國民教育完成，對國家已有基本的認識，為什麼不能出國？人才是不可能以任何法令來阻止他流動的。像現在美國有許多科學家，就是二次世界大戰時為德國發展武器的猶太裔科學家。

大眾傳播應呈現事實

問：你對大眾傳播界有什麼建議和批評？

答：第一，呈現事實，不能有偏見。不能因為你贊成傅里曼，就不登凱因斯學派的文章。第二，評論和報導應分開，報紙應該有社論，但報導的部分卻不應該用評論的手法來寫。

問：關於這次油價降價風波，我們暫且不談政策的對錯，本來是一件值得高興的事，怎麼會演變成這樣？

答：我們必須以國際觀來看國家的能源政策。今天歐美國家當中，只有美國油價較我們低，荷蘭和我們差不多，其他都比我們高。我們的記者就是關起門來談經濟，沒有看看別人。我的看法是，要談台灣的經濟問題，沒有世界觀就談不下去。例如，今天每個人都在談汙染防治、環境問題，這個錢如果拿出來是天文數字，現在應該要把工廠的錢拿出來改善環境。

問：談到這裡，對於「企業家的社會責任」你的看法如何？

答：企業人可以只管賺錢，企業家則不然。日本人對企業家所下的定義最好——要有前瞻性的危機意識、拓荒精神；要有社會責任感，要對子孫負責。今天日本的成功不是因為政府成功，而是企業家成功，他們把國家興亡、社會責任全都負擔起來。

問：依你所說的定義來看，台灣有沒有這樣的企業家？

答：我所知道的很少。以石化業來說，錢賺得很多，但有幾家廠商的汙染防治能趕上國際水準？大都在躲避這個責任。現在自力救濟行動層出不窮，當然政府應該負責任，但企業家就不應該負責任嗎？

未來領導最需應變力

問：你在經濟部和經建會參與了許多決策工作，做為一個決策者，你最大的體會和感觸是什麼？

答：我覺得自從出國念書回來後，每一個工作都很有成就感。二十九歲當廠長時，那個廠已經關閉三年，我去不多久就開始賺錢；到越南建紡織廠，打破日本人獨攬東南亞的局面；中鋼在管理和利潤方面的成績，全世界沒有幾家比得上。說實話，讓我覺得最沒有成就的，就是在政府裡這幾年，當然政府裡的難題也最多。

我認為政治人物應該有國際觀，反應和行動都要快。我當經濟部長的時候，是臨危受命，經濟到了谷底，要想盡辦法把景氣提上來，所以有「一切為外銷、一切為出口」的口號。本來出口貨都要在機場停留二十四小時，我打電話擔保讓它出去，因為不出口，配額會被取消，還有經濟部成立四個task force等等措施，都被人批評為不合理，可是教我怎麼合理？政府的結構根本沒有辦法應付當時的狀況。

可是等到經濟復甦之後，我的方向馬上就改為「一切為自由化、國際化」，因為當時就料到外銷成長太快，將遭受美國保護主義的打擊。根據我的預測，將來會比現在更困難。因為科技愈進步，產品生命週期愈短，軟、硬體的變化更大，各國起伏的情況也會更厲害。從前一個經濟理論可以維持幾十年，未來已經不太可能，所以做為一個政治人物，應變能力要強。

做事不畏權勢

問：根據你的個性以及中國社會的情況，你認為自己最合適做什麼工作，才能發揮你的才華？

答：也許我的才幹只能局限在大企業的範圍吧！像中鋼。因為，畢竟我不是懂政治的人。我做事比較不抓緊每一個單一事件，而是抓緊政策。有些記者跟我開玩笑說，我的演講稿從以前到現在談的政策都很一貫，沒有矛盾。

問：你希望在有生之年還能在政府部門做些什麼？希望留下什麼樣的紀錄？

答：我不希望留任何紀錄，真的。我很希望能早一點退休。因為年力已衰，很希望早一點離開，上山打打球、看看書、拜訪老朋友、衛生麻將八圈，何樂而不為？

問：如果退休了，會覺得有什麼遺憾？有什麼應當做而沒有做到的？

答：也許我這個人太實際了，我有理想但不幻想。我曾說過，即使讓我當個茶房頭兒，我都會讓我這個部門變成這家旅館最有秩序、最乾淨的地方。對國家的事，我是能做的就做，既不畏權勢，也不怕死。

危險愈大，成就愈高

問：你在大學時念電機，如果以你現在的智慧回頭看，你還是會選擇這條路或改行？

答：我是很幸運的。從ＭＩＴ（麻省理工學院）一回來，就有人給我一個攤子，一個廠關閉三年，讓我去當廠長。可是我認為危險愈大，成就也愈大，就做了。像中鋼，當初有幾個傻瓜蛋願意冒這個風險？我常說天下沒有絕對的是與非，也沒有一定成功或一定失敗，像我國沒有利用能源危機為轉機，但日本做到了，現在他們又利用日圓升值的危機化為轉機了。

問：如果往前看，你認為台灣社會未來的隱憂在哪裡？

答：還是在教育。我是最反對填鴨式教育的，可是現在的填鴨式教育比我念中學時更嚴重。但他們要記住，有什麼樣的國民，就有什麼樣的國家，有什麼樣的文化，就有什麼樣的社會。

問：你希望將來別人怎麼形容你？

答：我曾跟你說過，我是有理想而不幻想的人，願意在工作崗位上盡力去完成使命。絕對完全投入，不計成敗。

問：換句話說，可以稱你是「全力以赴」的人？

答：我想至少這一點我是當之無愧的。

有企圖心，沒有野心
——專訪　強人總長郝柏村

一九八八年六月

在國際媒體或軍方系統眼中，陸軍一級上將——參謀總長郝柏村，都被視為最具決策實權的「軍事強人」。六十九歲的郝柏村是中華民國歷任參謀總長中任期最長的一位。近七年來，他掌兵符軍令，直接指揮四十二萬餘大軍。將官級的人事升遷要透過他，國防預算中，有大部分的支出也要經他簽署。他治軍甚嚴，實事求是。為求基本動作的精確，親自持槍示範臥倒、匍匐前進、射擊等動作，因此贏得「總長示範兵」的稱號。他統御部屬一向強調忠貞、團結、鞏固、精練，對一般軍事理論涉獵甚廣。

生活簡單的郝柏村，閒時喜歡聽平劇、練毛筆字、閱讀……，社交圈子多限於軍界。當被問到「強人總長」的感覺時，他說：「企圖心之強，我承認有；至於說野心之強，坦白說，我沒有。」

問：最近中共集結海南島演習，一些國人不免擔心我們的安全問題，請總長談一下國軍目前的軍備狀況，對抗中共的力量如何？

答：中共從來沒有放棄武力侵犯我們的野心，現在他們是和平統戰和武裝威脅雙管齊下。近來，他們除了海、空軍的裝備以外，還很明顯的有陸戰隊的發展。在南海戰力方面，目前已有陸戰隊員五千多人，過去只有一千人，將來還要增加。

過去很多美國人一再認為中共沒有能力侵犯台灣，他們是按照美國傳統正規登陸的想法來推算。事實上共產黨過去打海南島、打過一江山，就不是用正規的。假如要打我們的話，一定是正規和非正規的並用。

正規的就是空優和制海權以後，採取兩棲登陸。他們的戰法，所謂「戰前步後，多戰少步」，就是戰車在前面，步兵在後面，戰車要多，步兵要少。非正規的就是用漁船，台灣距大陸很近，漁船一夜之間就可以到，他們過去就曾說過：「萬船齊發，多點登陸，鑽進去打出來。」

從這方面看來，中共對台灣武裝侵犯的威脅始終是存在的；不僅是存在的，而且也不因為搞和平統戰就放鬆，這是我們一定要提高警覺的。

以質勝量

問：既然這樣，我們在台灣有何把握和準備能夠應付、對抗這種威脅和侵犯？

答：我們過去的軍備在數量上和中共比，相差很懸殊，但我們將來取勝的是質，以質勝量是我們很重要的因素。而這個「質」不僅是武器裝備，還有人員素質。我們軍隊的素質，我想在現在全世界民主國家的軍隊中，可說是沒有遜色。這是我們到台灣來整軍建軍四十年很重要的一個成就。

光是「質」好，但數量上這麼大的差距，我們怎麼能夠取勝？這當然就是軍事策略上的問題，不講國際關係、國內因素、政治等等，純就軍事觀點來說，我們也不是沒有取勝的機會。

問：取勝的因素在哪裡呢？

答：他們兵力的數量雖然大，但是台灣作戰的空間很小，在這個空間之中，他們不可能把幾千架飛機同時開來，也不可能把幾百萬軍隊同時運來，這擺不下的。

等於我們這一個房間，最多四個人打架，那很好，大家都耍得開。如果擠上五十人在這裡面打架，那沒辦法打得開。所以他雖然是兵力多，但不可能統統都來。他要侵犯我們，必須要分梯次。

問：現階段，我們軍事準備的最高原則是什麼？

答：我們最高的戰術是「不戰而能屈人之兵」，當然現在這樣說也許做不到，但是「不戰」可以叫他們不敢來侵犯。

要「不戰」而能叫他們不敢來侵犯，那必須叫他們撥撥算盤，知道如果他侵犯了，遭致挫敗之後，在內部的問題上，在國際關係上，後果嚴重得不得了，這是現階段我們中華民國復興基地台灣的軍事準備上最高的一個原則。

我們希望和平，但是要以力量來維持和平。

能戰才能和

問：美國前國防部長溫伯格（Caspar Weinberger）最近在《外交事務》（*Foreign Affairs*）季刊上提出對蘇聯交往的四點經驗。其中一點是：跟蘇聯談判，一定要以武力做後盾，千萬不能自己鬆懈下來，是否也正是你這種想法？

答：對，所以現在中共搞和平統戰，有人說「一國兩制」，我們何必還要軍隊呢？國防預算可以刪啊，軍隊可以裁啊，要談和啊，這完全是一廂情願，事實上怎麼能「和」？能戰才能和，你不能戰、不能打，連談和的資格都沒有。至於將來和不和，談判不談判，那是另外一回事。

老實說，中共從當初要「血洗台灣」轉變到今天的「和平統戰」，就是因為我們有這個力量，他覺得沒有辦法用軍事力量消滅我們，所以要用軟功夫了，用間接路線。這是我們要警惕的。

我們一般人，包括很多很前進的年輕人，發表一些意見，認為既然可以探親了，可以間接貿易了，軍事上也可以不用準備了。這正是他統戰的終極目的。

問：開放國人赴大陸探親後，一般民眾的反應都不錯，請你從國防觀點來分析與評估利弊。

答：過去，沒有到過大陸的人，聽說共產黨怎麼壞，共產制度怎麼不好，一般人多半是將信將疑。現在有機會了，自己到大陸去看，「不怕貨比貨，只怕不識貨」，是三民主義好，還是共產主義好？我們不怕比，我們樂於比。客觀的比，公正的比，對我們絕對是有利，所以我覺得這絕對是利多於弊。

當然也不是有百利而無一害，不過只要有適當的準備安排，這「害」至少可以減到最低限度。我個人的看法是，從一些去過大陸回來的朋友說到的體驗，都證明了開放探親仍是利多於弊。

問：現在正在檢討評估這個措施，你有什麼建議？

答：我總覺得我們事先的準備和事後的了解都不夠。我聽華航的人說，許多老兵總以為到了香港就好了，他們到華航櫃台說：「我要上飛機」，櫃台人員問：「你飛機票呢？要畫位子啊！」老兵不知道這些事情。有的是從大陸出來到了香港，一個錢都沒剩，全都給了大陸親人了。

這就顯出問題了。政府不便出面，在香港必須要有旅行社出面接待，幫忙解決這個問題。這些都是因為我們準備不夠。

問：政府開放大陸探親後，一方面國人可以去大陸探望親人；但另一方面，為了國家安全，軍隊需要具備強烈的敵我意識。請問國軍如何在這方面調適與加強？

答：這個問題很好，過去我們談對大陸開放，這也是一個主要的顧慮，但是本質上這不是一回事。

我們開放大陸探親，是開放到大陸上去看大陸的親人、同胞，我們的敵人是中共政權、中共的軍隊。我們去探親，不是探他們的軍隊，也不是探他們的政府機關，所以基本上這與敵我意識無關。

當然現在愈是開放，我們在敵我意識的教育上愈要加強，但是基本上是不至於到了敵我不分的地步。何況我們現役軍人不能去探親，這是絕對的，因為現役軍人去大陸，等於是到敵人的區域裡。這個我們要搞清楚，我們敵我壁壘的意識還是很嚴格。

問：也有人很擔心這樣一開放，一般人的心防似乎慢慢的降低，你認為呢？

答：一般社會上很明顯的是這樣子，包括不少的知識份子，這是我們憂慮的地方。顯然中共統戰已經發生了效果，所以我們目前加強反統戰的教育是非常重要。

問：你對目前的街頭運動有什麼看法？

答：共產黨過去是最會搞群眾運動的，在大陸上搞學運、搞反戰，結果是大陸淪陷以後，啥也不能反了，大家都得乖乖的。

我想今天沒有人會說這些運動是共匪派來導演的，但是實際做法上沒有一樣不是符合共產黨的期望。學校要鬧，工廠要鬧，搞兵運，社會要上街頭，包括逼國民黨退出軍隊。在過去共產黨也喊過，甚至說不要軍隊，這都是非常不合理的。

問：有人批評我們黨政軍不分，對國軍的使命並不十分了解，你可否解釋一下？

答：中華民國憲法第一條說得清清楚楚的，「中華民國基於三民主義，為民有、民治、民享之民主共和國」，我們國軍的使命在實行三民主義，確保中華民國之自由平等及維護世界和平。所以三民主義的教育就是我們的政治教育，這不是國民黨的教育，這是國家教育。

我們要維護憲法、維護中華民國領土主權、維護世界和平，這是憲法上賦予國軍的使命。軍隊要存在，必須了解為何而戰，為誰而戰，這就是我們政治教育的主要目的。如果這些不要了，只知道打槍、跑步，不知道為何打仗，那不是和過去軍閥軍隊一樣。

軍人的觀念要現代化

問：經國先生過世後，三軍是一股穩定社會的力量，然而大家對未來軍人的角色也十分關心。依你的看法，在一個現代國家，軍人應該扮演什麼角色？在此時此地，軍人的角色又是怎麼樣？

答：在民主國家，軍人就是「保國衛民」，沒有任何個人的欲望和企求。我相信我們國軍是現代化的軍隊，所謂現代化的軍隊不光是武器裝備的現代化，更重要的是思想觀念的現代化。軍人不是個人政治鬥爭的工具，而是保衛國家民族主權完整的人，我想這觀念現在我們差不多都有。

經國先生過世以後，我們和黃埔建軍以來一貫的做法一樣，擁護、服從依憲法組織的政府。我們過去服從蔣總統，是因為蔣總統是依憲法產生的總統，任何依憲法產生的總統，都是我們的統帥。凡是我們的統帥，我們都要服從，都要擁護。這是現代軍人一個最基本的觀念。

問：也許是因為我們鄰近的國家中，有一些是軍人的勢力非常強大，因此也引起一般人有「軍人干政」的疑慮，你對這種說法看法如何？

答：這疑慮可以說是別有用心的人弄出來的。

我覺得我自己能做的，只要盡到我做參謀總長的責任，沒有個人的野心與企圖，但是我既然要負這個責任，就應該把分內的事情做好，我分內的事情就是軍隊的忠貞、團結、鞏固、精鍊。

當然以前也有人批評我，我做事情一向是比較積極，不是用做官的方式「多做多錯，少做少錯，不做不錯」。我自己覺得自己做事是有目標、有企圖心的。本來旺盛的企圖心就是做一個軍人將領很重要的條件之一。

有一次我和一位老長官談起，我們做將領的，不可以有野心，但是也不可以沒有企圖心。一個沒有企圖心的將領沒有作為，最後就是誤國誤事，純粹做官了。當時這位老長官說，野心與企圖心是很難分別的，我說這只有憑自己的良心。

強人總長

問：有人稱你為「強人總長」，你的感覺怎麼樣？

答：善意的稱我為「強人總長」，我也可以接受，但我會成為別人眼中的「強人總長」，是因為過去國家賦予我任務，元首相信我，把任務交給我。我是有原則、很堅定的人，原則定了，不容易更改，這或許是一種「強」——信心強。我對於命令的貫徹要求很嚴，不能打折扣，這或許也是「強」。

「企圖心之強」我承認有，至於說「野心之強」，很坦白的說，我沒有。

問：今天大家都說目前在中華民國有四個很重要的核心決策人物：李總統、俞院長、李祕書長，以及郝參謀總長，這四個人決定了目前國家的黨國軍事大計，你們如何配合協調？

答：就我所體會的，當然完全不一樣。經國先生在的時候，他決定了，然後會個別的商量，大部分情況都是他決定了之後，那就照著去做。

現在李總統大的原則和經國先生一樣，大概是在接任初期，有些問題還要更了解，軍事上我要報告多一點。經國先生過去是幾十年的經驗，大大小小事情都很熟悉，而對於李總統，我當然要把我的意見都講清楚。

問：國防預算目前是怎樣分配？國軍如何培育人才、發展國防科技？

答：我們對軍事人才的培養，我敢說比其他部門要健全。拿軍事領導人才的培育來說，我們有完整的體制，從官校到三軍大學，軍官的素質很高。

國防科技人才的培養也是從二十多年前就開始了，那個時候還是培養軍方人才為主，可是近幾年來，特別是近五、六年來，我們政策改了，歡迎所有國內外優秀的國防科技人才參加國防科技的行列。

像現在中山科學院的科技人才就是文官多，很多文職人員進了中科院以後，被送到國外讀碩士、博士，二十多年前，我們都是送軍人去。現在軍方送出國讀博士的，文職人員占五三％。目前我們在國外進修的有一百八十九人，軍職人員只占四一％。

問：聽說近年來在採購武器方面較理想，你的看法呢？

答：我可以這麼說：所需要的，都克服了困難，獲得解決。

遠程樂觀，近程可慮

問：解嚴以後，經國先生又不幸去世，一般人民似乎有迷惑的感覺，面對未來，你的憂慮是什麼？

答：從遠程來看，從大處來看，我對國家的前途充滿了樂觀和信心。因為過去四十年來，我們已經證明三民主義制度絕對優於共產制度。但是，從近程來看現在所發生的現象，當然也是可憂慮的。

這些現象的產生，主要就是中共的統戰跟台獨的思想交互影響所產生的。過去四十年來，我們「生聚教訓」，「生聚」就是經濟發展，我們成就很大；「教訓」就是反共復國的國民意志，現在中共統戰跟台獨分歧思想的傳播，使得我們過去四十年教訓所得到的「反共復國」的國民意志起了變化。

中共的統戰要我們放棄「反共」，台獨要我們放棄「復國」。可是我們國家民族的前提，就是「反共、民主、統一」這六個字，不能分。反共的目的為了維護民主。反共、民主而不統一，就變成了台獨；如果統一了，而沒有民主、反共，那就是接受了中共的一國兩制。因此堅持「反共復國」的國策，是我們唯一的生路。

我們要把握團結、安定、進步這幾個字，一切以法治為主。反對黨可以反對政府，不能反對國家，可以反對國民黨，不能反對中華民族。

我們也要在進步中，擁有堅強的軍事力量，使得對方不敢來冒險。我們發展防衛力量，其實是與中共的和平競爭，希望藉著競爭，讓大陸慢慢地變，變得跟我們差不多，需要多久，我們不曉得，但是這一天最終是會來的。

抬頭樂幹，跟著我不會錯
——專訪　馬英九總統

二〇〇八年九月

二〇〇八年，挾著七百六十五萬多張選票當選中華民國總統的馬英九，儘管擁有高人氣，卻是在國內外大環境惡劣的時空下上台。外有全球通膨、美國次貸，內則面對振興經濟、肅貪查弊、藍綠對立、提升政府效率等問題。上任一百天，民眾期待「馬上好」的短跑衝刺，卻變成一場一百一十米跨欄的障礙賽。

七月中旬，馬總統和中小企業協會座談時忍不住說，「各位所提的東西，都是過去八年應該做而不做的，現在同一時間，每個人都說馬上做，」「我知道很多人等不及，但很多問題還需要一步步想清楚，走太快有時會翻車。」

不改台北市長任內注重細節與數字的施政風格，專訪過程中，舉凡財經、兩岸、外交、肅貪、科技、金融政策等，他都滔滔不絕引用數字深入分析，還流利地背誦《中庸》來闡述清廉的絕對重要性。

訪談中，馬總統十分坦率，對敏感議題毫不閃躲。例如，為什麼花兩個多月才對陳前總統的國務機要費案以註銷機密方式處理，他說明原委後強調，「這不是高明、不是厲害，也不是狠，這是就事論事。」針對自己與內閣團隊民調滿意度偏低，以及八三〇嗆馬遊行，他則篤定地說，「領導人在艱難的時候要穩定，帶頭慌亂就完了。」

問：總統上任後第一次出訪中南美友邦，提出「活路外交」，這次訪問是否達到目標？

答：這次主要是去巴拉圭與多明尼加參加兩國總統的就職典禮，希望能鞏固邦誼，所有現行合作的計畫都將繼續。這次見到六位邦交國總統，談得很愉快。非邦交國我也見了八位總統，像……我不點名了，不然有些人會緊張（笑）。

我覺得達到了預期目標，而且超過預期。在活路外交的構想中是用更務實、彈性的方式維護國家利益與尊嚴。但是有人覺得我這次是不是去撒錢，事實上我這次去完全沒有談錢，也沒有增加一毛錢，他們也沒談起錢的事。

結束「支票簿外交」，改行活路外交

問：他們有提到任何援助嗎？

答：多明尼加希望我們能協助他們擴展科技園區，我告訴他們：「問對人了。」因為在我（台北）市長任內，完成南港軟體園區與內湖科學園區，從頭到尾我都參與了，我三個月去一次，兩邊的座談會各辦了十場，我都親自參加，對於細節的部分都非常了解。我告訴他有三種模式，你們要哪一種？未來他們會來實地考察。

這次我也特別向外交人員打氣，未來兩岸外交休兵，不挖角對岸的邦交國，如此讓我們的外交人員在正常狀況下鞏固邦誼，不再惡性競爭，也不再被別人認為我們搞「支票簿外交」。

將來我也會定一套辦法，就是對外的援助是必要的，倒不是為了爭取邦誼，而是做為新興工業國家對國際社會的責任。當荷蘭與日本的國民所得像我們現在一樣多時（一萬七千到一萬八千美元），對外的援助標準都以聯合國訂定的GDP〇．七％，我們現在是〇．一五％，距離還滿遠的，而且對象集中在二十三個邦交國。

問：我們宣布外交休兵，對岸要是沒有休兵，我們是否在外交戰略上就顯得比較被動？

答：不會啊，如果大陸不休兵，很快就看得出來，我們馬上就恢復「交兵」嘛。所以有些人覺得我們一廂情願，當然不是，我們是「兩廂情願」。

問：活路外交是基於兩岸互信的架構，你對於建立兩岸互信的信心有多大？

答：這是大家常問的問題，覺得好像兩岸關係要一步登天，馬上肝膽相照，這不太可能吧，一定是一步一步來。例如兩岸週末包機，我五月二十日上任，七月四日就通了，很多人想不到，對不對，怎麼做得到呢？因為我們有互信啊，不然怎麼做得到呢（笑）？

我覺得有很多事情只要願意去做，就會很快。例如，我這次過境美國，事前就講了，我並沒有要求要去東岸，只單純過境，馬上就把很多問題解決了。大家看到我們真的做到，美方沒有話說，大家就有互信了。

看到比民調更重要的事

問：總統上台前人民都期待「馬上好」，但是總統在國內外景氣最差的時候上台，滿意度民調也下滑，你怎麼看自己的施政滿意度？

答：我覺得不要那麼在乎才上任不到一百天的民調。我覺得因為油價、物價的關係，世界各國領袖都遭遇一樣的問題。

我這次出訪，遇到一個南美洲國家元首，他就說，「我現在到哪裡都挨罵，提出來的政策有八〇％不贊成，」幾個總統聚在一起發現大家都遭遇了一樣的困難（笑）。

民調顯示，民眾覺得我們處理不好的是物價，但物價恐怕很多地方不是我們能著力的，例如油價、進口糧食價。但是米價、菜價還算穩定。

政府必須概括承受，這很正常，沒什麼好抱怨。該怎麼做呢？第一，不能逆勢操作。如去年十一月油價就已經超過八十塊了，漲到一百多塊，前任政府都沒有動作，把漲價的責任與壓力交給了我們。

交給我們就交給我們啊，一步步調整到現在，大家慢慢都可以適應了。重要的是在調整的過程中，同時也推出節能措施；七月一日，調整電價時我們就推出減少用電優惠，只要是用電量比去年同期低一定比率，就有優惠。這幾個月省下來的電，就等於一座通宵電廠的發電量。

汽油使用量減少一二%，柴油減少二二%。全世界都這樣節能、減碳的話，需求減少，油價不跌也難。

問：振興經濟是新政府的首要任務。總統對台灣經濟未來發展有何看法？

答：根據Global Insight預測機構預測，台灣二〇一四年的人均GDP就能超過三萬美元，我們原先想三萬美元是二〇一六年，但他們認為是二〇一四年，我不是要粉飾太平，但是基本面應該是不差。

在經濟不景氣時，政策要對，第一步是擴大內需。愛台十二項建設我們不是每一個都要現在做，而是選擇對目前比較適用的。

同時，最重要、最重要的，台灣過去二十年來賴以成功的政策——自由化、國際化、制度化，現在我們還是要用。

最近我們開放了一些金融服務業的項目。過去實在是管制得太過分了，過去在台灣要買海外基金，只要這項基金有超過〇．四％是投資大陸A、B股的就不准買，結果大家就跑到香港買了，台灣的資金就不斷外流。我們估計這八年流出去的可能超過五兆。

企業投資大陸上限是四〇％，結果無法限制企業去大陸，且去了以後就不回來了，這個政策算什麼政策嘛！「對大陸無效，對台灣有害」。開放與解禁不會立即看到效果，但現在至少有十七家去香港上市的企業願意回台上市或發行TDR，可見政策還是有效果，只是沒有馬上顯現出來。

問：總統覺得民眾何時才能感受到經濟變好？

答：這是逐漸的，不會一個晚上就好起來。但是等油價、物價、糧價穩定，民眾就可以感受到了。我們一開始就碰到很大的震盪，索羅斯（George Soros）形容這是三十年來罕見的衝擊，但這不是壞事，這是「天將降大任於斯人也」。我們還是有信心，抬頭樂幹，而不是懷憂喪志。就是要有信心告訴人民，「你們跟著我不會錯，」我們對友邦也是這麼說。

在第二線積極領導

問：民調顯示民眾對內閣滿意度也不高，總統對內閣滿意嗎？

答：我覺得還不錯。現在內閣上路才三個月，畢竟是在野八年了，上任後還需要一段時間來熟悉。現在比剛上任時已經好多了。

問：總統就任時候曾提出要退居二線，但後來選民又期望你應該在第一線，你的自我角色認定，到底是一線，還是二線？

答：憲法規定國家的制度是雙首長制，施政的核心是在行政院。民主政治的內涵就是民意政治、責任政治，我是民選出來的，有很多的政見我必須向民眾說明是否做到。但是這些政見絕大部分是由行政院在執行，行政院一定在第一線，這是我去搶都搶不過來的。我不可能去主持院會，我當然是在第二線。只是大家不了解，我即使在第二線，不是就不能和民眾講話了，就不對政見負責。這兩個不衝突啊（笑）。所以我去看治水，我就帶行政院長。將來我出去拚外交，也會帶著外交部長，我定大原則，外交部長去做。

雙首長制是在一九九七年修憲制定的，但始終讓大家覺得沒有落實，我常說，我好不容易選上總統了，一定要把這個憲法好好實踐。我可能是少數這麼強調「守憲行憲」的總統。

從新加坡經濟看到「廉能」的重要性

問：面對八三〇嗆馬活動，總統覺得如何？

答：我覺得不必太憂慮，一個領導人在艱難的時候要很穩定、很堅定，大家才會對他有信心，不然帶頭慌亂就糟了。

問：肅貪是你重要的政見，總統在推動肅貪的決心與方向如何？

答：從過去八年前政府的運作來看，我覺得這一環很重要。經濟不好，百姓怨聲載道，但只要政府還沒有貪汙，百姓不會對你絕望。我在法務部長任內常講，人民的信賴是政府最大的資產，而貪汙是對這種信賴最大的腐蝕劑。

所以我上任前第一次與內閣見面時就特別強調，我們要打造一個清廉政府。當然有人會說光清廉有什麼用？但只要有一點不清廉，人民的信心就沒有了。我從新加坡學到的最重要經驗就是，第一，國家領導人與政府首長一定要以身作則，「上梁正下梁才不會歪。」

《中庸》說：「天命之謂性；率性之謂道；修道之謂教。道也者，不可須臾離也；可離，非道也。」保持清廉就是「道」。我們要堅持一點，龜毛一點沒關係，有人說這樣不近人情，但肅貪就是要養成廉能的風氣。

問：前朝八年政府官員涉入貪腐嚴重，總統要如何重建人民對政府體制的信心？

答：我們比較意外的是，過去這八年裡，高層貪汙的比重相當的高。

過去我在法務部時，看到的貪瀆案件大部分還是基層的常任文官比較多。但過去這八年卻比較特殊，高層比較多，而且很多人是我們耳熟能詳的名字。因此我們現在要做的，就是要求高層要清廉。

要為萬分之一的事謹慎

問：第一家庭爆發洗錢疑雲，此刻人民最關心的正是肅貪，總統肅貪的決心如何？

答：決心是無可置疑的，我們一定會肅貪，而且會進行到底。不會手軟、不會猶豫。但是，還是要毋枉毋縱，不能夠恣意而為，這非常重要。

像國務機要費是不是要解密，我們花了兩個多月，如果不是請專案小組每一張單據都看過，我哪裡敢隨便處理呢？這代表著一種審慎。畢竟這是前任總統核定的「絕對機密」，連複印都不可以。雖然到最後發現根本不是機密，但是在我發現之前，還是要假定他的核定是有效的。我是有權看的人，我也拿來看，看完之後發現它根本不是機密。所以我後來的做法就不是「解密」了，因為「解密」的意思是表示這些在之前確實是機密，但它如果之前就不是機密的話，就應該註銷。

所以我的做法好像出乎很多人意料之外。

問：很高明的做法？

答：這不是高明、不是厲害、也不是狠，這是就事論事。如果它不是機密的話，就該回復它的原狀。

陳瑞仁檢察官起訴國務機要費案，那些偵查的筆錄，或是卷證，根本不是總統府製作的文書，也不在總統府的保管中，我們憑什麼把它核定為機密？這叫做莫名其妙嘛。這根本不是你家的東西，你怎麼去核定呢？所以這核定是錯的。

第二個，總統府的預算書已經執行完畢，怎麼還是機密呢？這應該是公開的資料。明明一開始就不是機密的東西，如果你用「解密」，那就是鄉愿了。所以我們在法律上認為它「自始即非機密」。我的做法完全是就事論事。既不是狠，我這個人也不狠（笑）。

這件事情我完全沒有猶豫，但前提是毋枉毋縱。如果是對的事情，就勇往直前，但你還不確定的時候，你要審慎。所以人家說：「你猶豫什麼？」我說這不是猶豫，國務機要費我要看過才行。又比如說，陳瑞仁檢察官起訴吳淑珍女士的那些卷證，照理說我根本不必看，但我還是看了，就是怕萬一我們認為不是機密的這些單據和筆錄中所供訴的內容，還有萬分之一的機會是機密。結果我們發現根本沒有。

問：前總統卸任前據說用碎紙機銷毀了很多公文，對於這個你的了解是什麼？

答：他銷毀什麼，我們根本也不知道（笑）。陳前總統最近說他腦袋裡想的是機密，但是依據「國家機密保護法」的規定，他腦袋中的東西並不能被列為機密。

至於他用碎紙機銷毀的文件，我們也去了解，那可能是他辦公室自己的文件，沒有真正立案的。不過，凡是做過的事情，要沒有留下痕跡，那是不可能的。你可以用別的痕跡來拼湊，不見得就找不到。所以不用過度擔心。

用人首重能力和操守

問：新政府已經上台三個月了，很多重要的職位，例如外館代表、國營事業負責人仍都是前朝任命的人馬，不少人認為應該要趕快換，你的想法如何？

答：前朝的人馬不見得不能用。像內閣裡就留了海巡署署長王進旺，他做得很好，而且沒有黨派的色彩，這次釣魚台事件他處理得可圈可點。

其他的常任文官也一樣，如果他的能力、操守都很好，我們根本也不會去管他是藍的，還是綠的。

問：在用人方面，總統試圖朝藍綠和解的方向邁進，但卻遭到兩邊陣營的反彈和質疑，未來會調整做法嗎？

答：其實這中間有些誤會，譬如我用賴幸媛做陸委會主委，人家認為她是綠的，那可能是比較浮面的看法，因為我一開始就知道她不是所謂的「獨派」，她之所以加入台聯，是因為台聯要提名她擔任不分區立委，她非要入黨不可。我很早就知道她在這些方面和我們的理念相距並不遠。到目前為止，她對我們哪樣政策有不符的？

在監察委員、考試委員提名裡面，有一些民進黨或台聯的委員，因為這兩個機關本來就是獨立行使職權的機關，哪一黨，本來就可以。

也許有些國民黨支持者會說，「我們好不容易贏得政權，應該所有職位都歸國民黨，這樣才叫政黨政治。」沒有錯，政黨政治是贏者可以全拿，但獨立機關的人員任用，還是要看他的能力與操守，而不是看黨籍。如果黨內同志有不同的看法，我們就多溝通。像考試委員的審查情形就比較好，全數通過了。

我打電話給立委的時候，並不是去拜票，我第一句話是問：「你對我們的考試委員人選有什麼意見？」然後我來做說明。這個程序不是選舉，它是個確認的程序，確認你的品德跟專業是不是符合這個職位所需，不是確認你的政治立場是什麼。

我講這些話，聽起來很理想化，對不對？沒有錯，我是很理想化，可是你覺得一個總統是不是該有點理想？如果一個總統一點理想都沒有，這個國家還有希望嗎？

鬆綁和開放是為了更國際化

問：你剛剛提到領導人的理想。上任至今，你覺得最想推動的理想是什麼？

答：第一個是「振興台灣經濟」，這是重點，首先是強化體質，「鬆綁」和「開放」是很重要的政策。

外界有種感覺，為什麼最近的鬆綁、開放都跟大陸有關呢？主要是因為過去限制最多的正是這個領域。所以現在要開放的時候，很自然的就是在這方面多開放。第二個是「廉能政府」。打造一個乾淨的政府非常重要。

第三個是「改善兩岸關係」。讓兩岸關係不再成為我們政策上的負擔，而能成為利多，這其實跟台灣與國際接軌是合在一起的。例如因為開放的關係，去大陸投資的廠商，現在比較願意回來了，以前根本不回來。

我們這麼做，國際社會也覺得台灣不一樣了，也願意把台灣當做一個區域的跳板，而不只是一個本地的小市場。以前去上海要六、七個小時，誰願意來台灣設總部啊？現在就不一樣了。

問：總統覺得七月四日兩岸直航迄今，成效如何？

答：目前週末包機載客率都在八五％至九五％間，真的很高，但還沒做到最短距離的直航，未來幾個月內就可以改善。

我們希望盡快增加班次，並且推廣到平日包機，然後再進入平日班機，這些我們一步步都有規劃。

開放外生，增加教育競爭力

問：教育也是你相當關心的一環。最近七．六九分也可以上大學，引起許多批評。總統對於教育有何改革想法？

答：四十年前我考大學的時候錄取率是二七％，現在是九六％，這個九六％還包括重考生，如果只考慮應屆畢業生，那可能超過一〇〇％。現在考不上大學是非常困難的事情。現在的問題是，這麼多的大學怎麼辦？有的招生困難，將來是不是要讓它們退場？

這些大學都設了，資源閒置也很可惜，所以一個做法是招收境外的學生來念書，包括東南亞和大陸的學生。東南亞和大陸的學生想要念大學的非常多，但他們沒有機會。香港也是一樣，只有八個大學，只能消化三〇％的高中畢業生，但他們還是保留一成的名額給大陸學生。為什麼？搶好的學生嘛。我們也應該做同樣的事情，十三億人口，裡面一定有優秀的學生，我們也應該爭取這些人才。

我的競選政見中有「萬馬奔騰」計畫，要在四年內開放兩萬名的境外學生來台灣念書，同時提供一萬名台灣學生去外國留學、遊學。為什麼要這樣？因為最近我們出國留學的人數愈來愈少。好像經濟發展到一種程度，大家開始自滿了，能夠賺錢溫飽就可以了。這個想法其實很危險。台灣過去在全盛時期，有五萬人在美國念書，現在只降到三萬五左右，反而是大陸跟印度學生比較多。而且現在台灣留學生很多沒有大陸學生用功。這都是值得警惕的現象。

一位被大陸「搶去」的台灣名教授，有次跟我說，他把他在台大的考題，拿到對岸去考，發現有很多人考滿分。他說：「我沒有想到，我出的題目到了大陸就失去了鑑別力。」所以千萬要注意我們的競爭力遭到挑戰。像這次奧運棒球賽，輸給了大陸，能夠不警惕嗎？千萬不能自滿。

問：是不是教育開放是下一步就要做的政策？

答：我們希望教育也能盡快開放。我競選的時候，哈佛大學費正清研究中心主任柯偉林（William Kirby）見到我第一句話就講：「趕快讓大陸高中生來台灣。」我問他為什麼，他說：「增加競爭力。」

第二，讓海峽兩岸的青年學生可以早一點交朋友、彼此認識，也有助於兩岸未來和平；第三，解決我們招生不足的問題。這三個目標都非常重要。

而且開放大陸學生，可以恢復過去五十多年非常成功的「僑生」政策，這些僑生現在遍布東南亞，是台灣最死忠的樁腳。我常常舉例說：如果二十年後，大陸的國台辦主任是台灣的清華大學畢業，我們的陸委會主委是大陸的清華大學畢業，你覺得有什麼不好呢？到某一個階段，他們也變成政府領導人的時候，這個仗怎麼能打得起來呢（笑）？

問：最後可否請談談執政的幾個大原則？

答：首先，我覺得從大方向來看，我們是走在正確的路上，不管是經濟、兩岸、國防、外交都一樣。最重要的是，我們不搞意識型態，不去挑動族群、兩岸、統獨的對立。

第二，內閣方面「用人不疑、疑人不用」。如果經常換人的話，政府就不會穩定。

第三，政策要確定。政策一旦確定，就要很積極地、很細膩地去推動，不要改來改去。最後，高官要清廉。我們持續朝這幾個方向去做，我對台灣未來是非常有信心的。

變局中的應變與深耕

——專訪IC教父張忠謀

二〇〇三年六月

沒有戰爭的時代，企業家主導了經濟景氣的起伏與興衰。台灣經濟的主力即來自高科技產業的蓬勃發展，台積電一直扮演關鍵的角色。董事長張忠謀的雄才大略與嚴謹紀律，創建了全球化半導體晶圓代工的典範。

這樣的成就使他的發言動見觀瞻。在產業變動中和企業變局中，他細述如何掌握核心優勢應變，又如何深耕不變的價值文化與公司治理。

問：從九二一地震、美伊戰爭到SARS，我們都是處於一個變動的環境中，做為一個領導者，你覺得在變局中的領導，有哪些關鍵原則？

答：這個很難有一定的原則，因為變動常常是在你沒有預料之中就發生的。其實，我們這個行業平常就是變動很多，SARS根本在我們的變動範圍之外，地震也是在我們的範圍之外。

像九二一地震，以前我們也沒有那樣的經驗，就憑「冷靜的頭腦」，憑主管，甚至於員工平常很好的訓練素質，所以九二一地震的第二天，大家就各就其位，把災害、損害做到極小化。我記得當時最嚴重的是破裂石英爐管的補充，主要是因為沒有電，要什麼物資大家都會很快去準備，我們相當快地就恢復，使得客戶都非常安慰。客戶本來在地震第一天，認為我們要好幾個星期才會正常運作，但是我們在十天內就恢復生產的原來水準。

SARS就像是地震，也不能夠去預測。總之應變的方針已經訂了，最重要的是員工的健康與安全，對客戶的承諾是第二重要的。這些都是靠平常員工的訓練。因為方針是既定的，怎樣的應變法是看怎樣的變化，需要「冷靜的頭腦」，也要大家的「一致團結與努力」，我們公司比較單純，沒有公司政治，大家的目標都是一樣的，不會有搶功，或是推卸過失的事情。

問：在企業裡處理比較容易，但是這次SARS的處理，牽涉到大社會，你有什麼建議？

答：你說企業比較簡單，社會就比較複雜？其實假如是碰到比較大的災難，我覺得社會也可以團結起來。歷史上碰到大災難而團結起來的例子很多，就以美國的九一一而言，紐約市就很團結，領導朱利安尼市長（Rudy Giuliani）也不錯，他把損害降到最低的限度，而且民氣、士氣相當高。

投資過剩是景氣禍首

問：你怎麼看半導體產業的前景與台積電的未來競爭力，是不是很樂觀？

答：我是樂觀，但是要calibrate（校準）一下。我先講半導體的中長期，我認為未來五年到十年，世界半導體的每年平均成長率約在一〇%左右，我們晶圓代工製造業每年的平均成長率是在二〇%左右。因為我們的市場占有率會增加，所以我們的成長率會比較高一點。這是中長期，你說這是樂觀，我是相當相信。未來五到十年的成長率會二〇%，我認為是很好的。

樂不樂觀也看你跟什麼東西比，跟五年以前比的話，那時的成長率比二〇%更高，未來是比不上的，這是中長期。今年，我們會達到中長期的指標水準二〇%，這個我是樂觀的。

有很多人說，別人對於半導體並不會這麼樂觀，為什麼你會樂觀？我認為這是一個數字問題，是相對的問題，因為他們看到的是一〇%，他們在半導體業，不是在代工業，一〇%對於半導體業來講，並不是一個特別好的成長率，他們就不樂觀；但是一〇%對於我們來說，就是代表我們晶圓代工業的二〇%。

問：你曾提過，未來十年內摩爾定律（Moore's Law）仍然適用，但這十年內，技術開發與應用速度之間仍有落差，如何解決？

答：我認為五年一次景氣循環，這是認真的。摩爾定律十年內還能否成立，要看你所謂的成立條件。若照摩爾定律所說，每十八個月到兩年電晶體會倍數成長，我認為未來十年大概還會有。可是這只是技術上實現而言，但要量產的話，我覺得這速度會愈來愈慢。就是說隨時間演進，量產的成長速度會趨緩，最後就躺平了。最直接的影響就是，全世界半導體產業成長的腳步會趨緩，成長率可能從一七%降為一〇%。

問：這是否影響你剛談到五至六年一次的景氣循環？

答：我認為景氣循環與摩爾定律無直接關係。景氣不佳是過去大家投資過剩，造成的禍首，過去是美國公司，後來是日本、韓國，再來是台灣，未來將是中國大陸。

董事必須是為公司利益著想的諍友

問：你們大陸的投資還沒有開始，是不是等政府的合法開放？

答：這當然重要。現在到大陸去，的確是比一年以前我們所講的代工市場要再往前發展。但是它也沒有發展得很快，你看，中芯已經生產兩年多了，可是做的生意都還是國外的生意，我們要去大陸是要做大陸的生意，那個生意還沒有發展出來。

問：依你的預測，大陸半導體代工市場何時才能成熟？

答：遲早總是會成熟的，我不知道要多久，也許要五年。

問：要這麼久？

答：也許可能，你想想看台灣的例子，台灣半導體也是最近幾年開始成熟的。台灣的ＩＣ設計公司十幾年前就有了，可是在最近幾年，才有幾家較具規模的公司。這幾個公司有比較大的晶圓需求，頂多是最近三、五年的事情。

把這個跟大陸去比，大陸也是需要很多年，設計人才需要的經驗是比晶圓廠的經驗還要多，通常一個設計的人，如果不歷練個五年的話，公司不會把他當做很有用的。設計人才似乎沒有天才，像是莫札特那樣在音樂方面的天才是沒有的，要做五年才有一定的水準。

問：台積電在公司治理上積極推動外部獨立董事，目前運作情況如何？

答：我覺得最重要是他們帶來了獨立外部董事的典範。這是台灣少見的。在過去的台積電，沒有外部董事這回事，董事會成員只有兩種，絕大多數代表大股東，以及一、兩位像我跟曾繁城這種經理人。

公司董事的責任是什麼？是要為公司好嘛，而不是只保護自己投資的利益。在十幾年以前，我就在董事會講過：不管你是代表飛利浦或是開發基金，進了董事會，請戴上「TSMC」的帽子。

好的董事要具備兩個角色，一個是為公司的利益著想，一個應該是CEO（最高執行長）的「諍友」。具備「諍友」條件的董事，就是他握有尚方寶劍，嚴格檢視公司的治理，如果經理人表現不佳，就撤換。

這次外部董事便帶來了過去台積電董事會沒有見過的角色。其中，邦菲（Peter Bonfield）最積極，他是我們稽核委員會（Audit Committee）的主席。我一開頭建議他在每次董事會前一個半鐘頭開稽核委員會，他就照我的話，第一次就在董事會前開，結果他跟我反應時間不夠。所以下一次稽核委員會改成前一天開，開了三個鐘頭。他每次從英國過來，都是在董事會兩天前就抵達台灣。他至今主持了三、四次會議，有些建議我已經接受，並開始執行。

這些人都是我的朋友，他們不需要靠我吃飯，擁有足夠經驗與地位，反而敢言，真正做到「諍友」的角色，想到什麼就直爽地說。

現在這個經驗很好，連財務長張孝威都很高興。本來稽核委員會是監督他的，不過有外面具經驗的人幫他監督公司財務運作，反而是好事一件。

稽核委員會還有一個作用，以往獨立監察人都是單獨運作，現在成立稽核委員會後共有四人，以往提案沒人附和，現在人多氣勢就大。如果把獨立監察人納入稽核委員會機制，事實上增強監督角色。

接下來我要建立酬勞委員會（Compensation Commitee），尤其現在時機很適合。我想台灣待遇制度會在近一、兩年發生改變。

過去台灣科技產業待遇都是靠「員工分紅」，現在至少台積電開始一部分用「股票選擇權」。這兩種制度如何搭配，如果沒有酬勞委員會的成立，我就得多傷腦筋，如果制度建立起來，我就可以少傷一點腦筋。當然我也會參與委員會運作，我預備請施振榮做這個委員會的主席，因為他對台灣科技產業情況最了解，另外委員還包括邦菲與梭羅教授（Lester Thurow）等。

此外，我也計畫成立公司治理暨提名委員會（Corporate Governance and Nomination Committee）。這個委員會的功用是推薦，並評鑑董事以及未來公司經理人人選（CEO succession plan）。

四大價值打造世界級企業

問：你一步步帶領台積電走向制度健全的企業，其中企業文化和價值觀更是制度背後重要的精神，從台積電的過去、現在甚至到未來，你希望台積電樹立怎樣的價值觀？

答：建立企業文化的事我們一直在做。過去我們有十項經營理念，視為重要的價值觀。八、九個月前，我把理念濃縮成四項，分別是：誠實（Integrity）、創新（Innovation）、顧客導向（Customer Orientation），還有承諾（Commitment）。

這四個理念很難直接翻譯成中文，但最能表達我的想法。老實說，我們不是要建立台灣的公司，而是世界的公司，這是近六年台積電的目標。Integrity我有比較詳細的詮釋，我上次在演講中也提過。Commitment是對公司、對工作的承諾，但這兩點都很難翻譯，因為與儒家的觀念有些差異，有點可惜。一家企業要永續經營，Integrity與Commitment是最重要的事。

另外兩項是可以賺錢的要素，比較容易讓人接受。賺錢以外，做人、辦公室的價值觀也很重要。

我相信台積電在企業文化的建立算是成功的。我對台積電絕大部分做的事很驕傲，像去大陸投資等事，我們也照政策進行。大家都知道怎麼做，不走迂迴的路，不需要我來強調。帳冊裡面哪些要提列損失也清清楚楚，我們不走小路。這種文化已經建立了。現在年輕人比較不重視承諾，因此，在承諾方面，台積電還有很大的成長空間。

問：一〇四人力銀行曾提過，現在「竹科」人將員工分紅視為工作唯一的承諾，未來工作價值恐會混淆，你認為呢？

答：這種說法可能有些過於簡化。我倒覺得是，員工分紅或股票選擇權會漸漸增強員工對公司的承諾，我希望如此。我年輕在美國的時候，公司也是利用這些方法來激勵員工，使得員工的承諾增強。可是這並不是意味拿掉這些激勵，員工就走掉，這是不對的嘛！若有員工一聽到福利拿掉就走人，這會讓我很痛心。

問：這是否意味當初建立這福利的用意與實行的結果有落差，因此必須改變？

答：我覺得公司的經營者，想把這些激勵措施視為長期員工可以建立承諾的工具。

儘管我們的用意都是盡量為員工想辦法謀福利，但我們不能答應員工每年福利都比前一年好。不能說明天福利沒了轉頭就走，等於說你跟你的配偶走了一段很長的路，彼此對待很好，一旦一方失去工作，生活受影響，另一半就說那我去找一個比較有錢的人。這在工作上就是一樣的比喻、一樣的情形。

公司治理是長久經營的關鍵

問：做為公司負責人，你現在工作上的優先次序是什麼？

答：從過去一年以來，我把建立公司治理（Corporate Governance）

視為台積電應該優先考量的事務。因為，我覺得這也是企業可以長久治理的關鍵。

把公司治理制度建立起來，未來公司才完全是一個制度管理的企業。因為有了稽核委員會、酬勞委員會很重要，可以監督與制衡，長期上可望再加上公司治理暨提名委員會，這使得公司運作不論誰做都能上軌道。

問：剛剛董事長提過，員工分紅制度未來要取得平衡。面對如何吸引員工、又不讓帳面上成本過重，你自己的想法如何？

答：酬勞委員會並不是最後的決策單位，董事會才是。前者可以做初步的建議。你認為分紅最大缺點是列入費用，我認為那不是最大的問題。很多東西都列入費用，可是在列入費用的前提下，員工分紅最大的缺點是，賺的錢員工一次統統拿走了，而非分期拿，這是台灣的規矩。要是公司保留一部分盈餘也會有風險。譬如，公司去年賺錢，今年發一萬股，你說，也許明年不一定賺得多，今年就發少一點，五千股就好，剩下來五千股挪到明年再發，這可能行得通，但充滿風險。

風險是什麼呢？在於股價變動。今年發的五千股股價可能滿高，但誰能保證明年公司股價能一樣高？這造成公司本來分期分紅的動機是好的，結果同樣員工吃虧。所以分紅留也不是，不留也不是。

分紅第二個大缺點，就是賺錢時拿得多，不賺錢時根本無紅利可發。事實上，公司最艱苦的時候更應該激勵同事，可是沒有辦法。

老實說台灣工程師相當沒有經驗。十年以前大家都只拿薪水，突然可以分紅了，員工一下子不知所措，狂喜得簡直無以復加。他們不知道其實還有另外更好的獎勵辦法，只是這辦法兌現時間較長。

我對台灣的科技人很擔心，有過一次暴富的經驗，以後沒有了怎麼辦？難道就不做事了嗎？我覺得這是第一代台灣科技業的隱憂。過去花了十幾年好不容易培養一群優秀的科技人，結果他們只知道員工分紅的獎勵；曾經滄海難為水，假如不幸有一天公司不賺錢了，何來員工分紅？可悲的是，如果慢慢賺錢，這些人其實可以有豐富的人生。但他們賺了幾百萬美元就雲遊天下，未來便無法繼續貢獻了。

決心與紀律的拚鬥
——專訪 鴻海執行力大帥郭台銘

二〇〇三年五月

很多人至今不解，郭台銘何以能從三重埔小小的黑白電視機旋鈕起家，做到台灣第一大民營製造業？

一手建造鴻海帝國霸業的執行長（CEO）郭台銘，隨身帶個小鬧鐘，剖析自己最大的缺點，就是沒有耐心，看不得年輕人不上進，看不得事情沒效率。個性十萬火急的他，可以三天不睡覺把貨趕出來；可以直接衝到生產線，連續六個月守在機器旁，硬是盯著磨出技術。郭台銘說：「執行力說穿了，就是看你有沒有決心！」

「習」比「學」重要

問：你個人非常重視執行力，請問你如何帶領鴻海集團發揮執行力？

答：執行力就是紀律。這次美國對伊拉克戰爭，先不論其合理性，我覺得這場仗就是一個執行力的示範、典範。就從美伊戰爭說起吧！

我從前常跟員工講，美國是一個民主、卻散漫的國家。可是這次美伊戰爭我開始改觀。當總統一聲令下，徵召的軍人放下他們的本業，穿著軍服就上戰場。這表示美國還是個有救的國家。不管這場戰爭打得對不對、有沒有理，這是主帥的問題，不是將軍的事。身為執行任務的將軍能迅速完成任務，這套執行哲學讓我感受很多。這是送死的事情耶！你說我鴻海多麼有執行力，坦白的說，這點我做不到。

從這次對伊拉克戰爭可以看出美國部隊訓練之精良，他們出動那麼多架飛機，可以有這麼少的失誤率。美國航空母艦上的飛機每天起降幾千架次，來回幾十天，居然只有一、兩架掉到海裡（編按，根據《紐約時報》四月二十日的統計，美伊戰爭美國飛機出動共四萬一千八百五十架次，共死亡八十五人）。這個在品質管理的角度來講，品管誤差（PPM）是萬分之幾而已，令人吃驚。

這場高科技與執行力結合的仗，打敵人可以打得很精準，而且是從陸、海、空到外太空的聯合作戰。美國傾全力出動所有新式武器去戰場實驗。你在電腦模擬，不如到戰場實驗，執行力不能沒有實做，光用電腦模擬不行。譬如，你要麻將打得好，當然要天天打，不能光靠人教。我常常講「習比學重要」，習就是「practice」，「習」這個字我很喜歡，拆開來就是鳥自己飛。

另外，也讓我對美軍作戰人員的素質改觀。美伊戰爭是場軍事戰爭，更是場精密戰爭，精密戰爭牽涉非常多的高科技運用，需要高知識水準的人員來駕馭這些武器。我們常常把打仗的人看成是屠夫、武夫，但這次戰場上拚命的是知識份子，不但有高知識水準，而且可以把這些武器駕馭得這麼好，才能打一場傷亡這麼少的戰爭。美國軍隊的執行力世界少有。美國

一九八九年舊金山大地震時，我人正好在那裡，當時美國危機處理展現的執行力就讓我印象深刻。路燈都沒有，百貨公司、餐廳都一片漆黑，等於是無政府狀態。我那時下班要回家，看到警察升火把在路旁，每個車輛都很有秩序地一輛接一輛，交通完全沒有亂。我到餐廳吃飯，服務生點個火把給你，照樣點菜、端菜，照樣收錢，沒有搶劫。臨危不亂，令人欽佩。

心態決定一切

問：這是不是和紀律、文化有關係？

答：對，一個紀律、一個文化。在一個環境裡面，大家有共同的價值

標準，文化就是大家共同的生活方式。這個族群，大家有一個文化，而且是有紀律的文化，這點，我在伊拉克戰爭裡面看到。不亂，在美國大地震中看到了。燈沒有，什麼都沒有，車輛照樣回家，也沒有影響交通。在台灣如果大地震，紅綠燈壞掉，大家就卡在那邊，每個人爭先恐後。我覺得美國能形成有紀律的文化，與環境、高知識水準都有關係。

美國很多電子高科技工業，很多做鞋子、傳統產業的人，為什麼沒有執行力？因為他們放棄自己生產，外包了。但是，美國部隊打仗沒有外包，不能說我要打仗，叫人家到伊斯蘭教國家來幫我打。他的部隊完全是由美國自己所控制，執行力也需要有機會來表現。

問：你相信人能把這些執行力發揮出來？

答：對，人決定一切。

問：這些人有哪些特質，你怎麼看出來的？還是直覺？

答：我不是憑直覺，是經驗判斷。我覺得，大陸的技術官僚都不是法律系出身，這很重要。台灣的問題在，從總統、副總統一直到陸委會主委，都是法律系，同質性太高，這是最嚴重的問題。今天如果這樣可以拚經濟的話，那我們鴻海會馬上請我們公司法務長當董事長。

法律系的特質是，都跟你談規定。我打個通俗的比喻，夫妻分工洗碗，他一定跟你講很多規定，一、三、五我洗，二、四、六你洗，如果我加班回來累了，你先代一次，我明後天補你，如果三次不補你，就打我一下屁股。可是為什麼不是誰不累，誰就先洗，有點彈性？我覺得執行力並不在於把規定訂得密密麻麻，而在於它的精神、在團隊工作（team-work）、在它的執行紀律。所以說穿了，執行力就是你一心想把它做好。

談策略一定要有決心

問：就是決心嗎？

答：天底下沒有完美的辦法，但總有更好的辦法，你想要去做，一次不行，就做兩次。我常講「成功三部曲」就是策略、決心加方法。決心是執行力不可或缺的。

策略取決於我的方向、時機、程度。像愛迪生認為「電，一定可以發光」，他的方向對；時機，他的時代，他發現可以用到線壓這個工具，來讓它變亮；程度，就是這個電可以讓它照明、改善人類生活。

我們有「知易行難」「知難行易」，不管怎麼樣，這都是程度。「知易行難」「知難行易」是知的程度。

決心與方法是領袖的執行力重點，可是全世界的領袖都疏忽了。談策略一定要有決心，我們看美國對伊拉克戰爭，小布希有決心，國防部長有決心。這些聯合國都做不到。方法可以找，但有無決心把事做好，更是關鍵。

問：能不能舉個你們公司執行力的例子？

答：在很多年前（一九八一、一九八二年），那是我們從做電視機零件要轉到做連接器（connecter）的時候，我去日本調查市場資料，就發現連接器在電訊、電子產業、電腦產業、通訊產業發展的過程中，是一個成長很快的市場。所以我就決心投入。

那麼我定策略，如果我要做連接器，要做最大市場占有率，我一定要到美國去推廣這個產品、去找客戶我連續兩年碰釘子，所有的客戶都不相信一個亞洲來的公司，可以跟比我大幾十倍的公司，像AMP去競爭，客戶連試驗的機會都不給我，但是我們很有決心去定出策略和方法。

在連接器的發展過程中，我認為連接器是新方向，這個行業會成長，而且是在美國的市場。我也認為做零組件要先到主戰場，做出名了，再回來台灣。所以我的零組件是先賣給美國的大廠，之後再賣給台灣的主機板廠，這樣可以跟世界一流廠商用同樣的零組件。如果我賣汽車零件，我不會先賣給裕隆，我會先賣給日本豐田、德國賓士。

賣給世界級的客戶，是讓企業競爭力提升的挑戰，要是我們先賣給國內小廠，他們的要求比較不嚴，我們就無法進步。所以，我們是先挑戰美國的主戰場，那時候美國市場快速成長，時機也對。

我們先做個人電腦（PC）和周邊設備的連接器，這個策略定了以後，我就到美國去打市場，結果發現主戰場的競爭非常激烈，我的競爭對手AMP很大。所以我就定了策略：AMP賣一塊，我就賣六毛錢，我的成本九毛錢，是賠錢在做。可是我要告訴客戶，證明我的品質技術可以信賴。這是第一個階段叫進入期。

當客人接受我以後，我的競爭對手還是賣一塊，我們就賣八毛。那個階段，我們開始損益兩平。

後來對手AMP賣一塊，我們也賣一塊錢，因為我們的品質、交期，客戶可以接受，我們也同時有非常多技術來維持和保證品質。

創新是被告出來的

在品質上我們下定決心自己摸索許多技術，遇到非常多的專利訴訟、技術的瓶頸、專利的瓶頸、模具的瓶頸……。

沒有花一毛錢去買技術，我們自己摸索出來、土法煉鋼的技術，建立起自己的專利。尤其是專利部分，當年幾乎是每個月都挨告，我們的創新就是被告出來的。

當年因為在美國要打很多官司，很貴，我就找一些會寫英文狀子的人在台灣寫。我們有一群全世界最便宜的專利律師，我們就是媲美國人勤快又便宜。

我們的決心，讓我們的技術團隊、專利團隊、模具和材料團隊，一一發展起來。可以說邊做邊改、邊改邊做，滿足客戶的要求。那個時候我們也建立電腦輔助設計（CAD/CAM）系統，建立自己的電腦設計系統。過程中，我們要有很大的決心來建立自己的能力，其間經過了無數次的失敗，經歷過很多專利的訴訟。

例如，一九八〇年代我們有個客戶在美國芝加哥密西根湖邊，是全世界最早做筆記型電腦的公司。當初我們競爭對手交不出貨，於是這家公司叫我們開發。結果發生一些材料無法適應客戶在芝加哥的寒冷天氣狀況。

我特地趕到美國去，才發現連接器必須做零下五十度的測試。我還記得到芝加哥特地去看了麥可喬丹（Michael Jordan）打球，那時他剛剛成名，天氣非常冷，零下二、三十度。

因為我們設計時，對美國溼冷的天氣沒有感受，沒有設計環境溫差試驗，產品到那邊產生了很多問題。我當時身兼業務，什麼都接、什麼都包，自己提了皮包就過去，連夜趕著跟客戶去做檢查。到工廠，就把全部有問題的貨從生產線上挑出來。幾乎是把客人挑剔的貨重新生產，再用空運寄去美國，即使賠錢，一樣得讓客人換貨。

當我在美國幫客人找到問題、解決問題、換貨時，我們在台灣的所有團隊都是二十四小時不眠不休地接力。我在美國指揮，三天以內客人的生產線沒有停線，兩個星期之內把貨全部換好，滿足客人的要求。

這應該是我在美國市場開拓連接器時，所得到寶貴的執行力經驗。光有好的策略、好的方向，到美國去是不夠的，還必須要有決心。有決心就是說，客人的要求，要百分之百做到，哪怕是賠錢，哪怕是當初你沒有料到的要求。

一個很重要的課題，是把你要去做到的一些事情，用一種方法把它執行出來，包括你要用技術去解決當前的問題，你要去解決對手在專利保護底下防範你的障礙。

那個時候台灣的模具跟歐美的模具大概有十年的差距，你必須去突破。現在我們公司塑模與沖模技術，在連接器來講，應該跟世界是同步，我們感覺自己已站在領先地位。

微利時代賺錢靠效率

我們有很好的團隊，大家遇到困難時有決心、不怕困難，一直試驗。你只要給我機會，我一次不行，兩次；兩次不行，三次，要比對手便宜或者品質更好、服務更好。經過幾年的嘗試，我們從跟對手保持四〇％的價錢差距，到只差二〇％，後來是一樣的價錢。

我們現在是世界名牌，當我們跟競爭對手賣一樣的價錢時，我的管銷成本（overhead）低、效率比他高，我就賺錢。

一個案例花了我們十年的時間，才跟我們的競爭對手平起平坐。這十年的時間，讓人家注意你，注意你的交貨、服務、技術品質，驗證你的能力，完全可以的時候，才給你不一樣的價格。車子也是一樣，你沒有經歷二十年，你不能建立一個品牌，以前這個牌子不安全，誰敢開。

現在微利時代，賺的是效率的錢。過去資訊不發達，大家賺很多保護的錢，賺很多知識的錢，像專利。還賺很多關係的錢，比如壟斷、獨占。像過去日本大商社的時代，日本貿易商就是賺情報的錢。現在資訊傳遞非常快，這種靠訊息賺錢、靠保護賺錢、靠特權賺錢的任何行業、公司行號，慢慢都會遭到淘汰，面臨生存競爭。我覺得在競爭過程中，誰能夠勝出，就看誰有執行力；執行力好，就要靠你有必贏的決心，面對困難，找出各種解決方法。

問：你們的決心為什麼會那麼的強？遇到挫折都不會被打敗？

答：我覺得台灣中小企業大部分都有這種信念，尤其一個人要做事，必須要有這種信念，才能突破，才會有所成長。我覺得，這是台灣中小企業最寶貴的精神。所謂的執行力，最重要的就是精神、文化，以及一個人的責任感。

教不嚴、師之惰

問：你要帶一個那麼多人的團隊，你怎麼培養一個執行的文化？怎麼找到一些好的人去做這些事情？

答：我們公司事業經營部分成四類：經營層、規劃管制層、執行層，還有作業層。我們經營層一定要負責他所管理的經營事業。非常清楚，營業部要數字，完全就是一種數字管理。我們把每一年要成長的機會化成數字，好讓每個經營者了解他所必須達到的經營指標。

規劃管制和執行，這兩個層級的人員，也都會把任務分配下去，我想這種做法每個企業大都差不多。

背責任的經營層，要以身作則，負起責任帶領規劃管制層跟執行層去執行目標。任何執行層的人有困難、做不到，經營層的人和規劃管制層的人都會跟他們一起做。我們很重視這一點，要求親自參與（hands-on），每一個高階主管都必須跟執行層同仁共同作業。比如說，我們開發產品與生產，都是由各種方案的組織會議推動，每個專案組織都由高階主管來帶領。最重要的是，大家是以有經驗、有能力的上位者來負起責任。我覺得這是很重要的一個文化：責任應該由上位者來扛。

在我們公司，品質的執行力如果發生任何抱怨，要由上到下負責，不是由下到上。過去有段時間任何客戶對品質不滿意，一定要通知我，現在則是先通知上面主管。不能從下而上回報的做法，銷售人員通知製造線長，製造線長通知品管經營再通知上層。我們現在要求這一定要從上到下，這是大家的工作流程。

如果連續發生品質問題，我們事業處的主管要罰站，在同仁面前受罰。大家為了面子，就不能讓品質走樣。公司處分從上而下，不是在品質有問題時喊：「哎，你家的東西做錯了！」今天如果老師出問題，我們一定罰校長，不會罰老師，這樣子來激勵大家。員工會想，今天我如果做不好，上面的人要幫我背責任，所以我要想辦法做好。如果不會做，上面的人會跟我一起做。

非常重要的一點是，你的領導、上面的主管、負責經營的人，要以身作則。真的錯了，你必須最先負責任。

問：你自己有罰過站嗎？

答：我有幾次因為產品問題到客戶那邊罰站，跟客戶道歉。客戶是最好的指標，客戶不滿意就是我們的問題。所以，上次我們去你們那邊自己拿書，你們的主管就該罰站（笑）。

經營公司重要的就是上行下效。上面重視什麼，下屬就執行什麼。《三字經》講得清楚，「教不嚴、師之惰」——學生表現不好是老師的責任。學校裡如果一個學生出問題，我們要罰老師，甚至校長，而不是處分學生。

廠辦合一培養使命感

我們的執行力做法很清楚。第一，分層負責。第二，由上面帶領下屬實際執行。第三，數字管理。鴻海嚴格要求，任務過程一出問題，主管優先到工作現場處理。

我在台北市沒有辦公廳。鴻海的董事長室大可擺在台北商圈的摩天大樓頂樓，俯瞰敦化南路的夜景，並且打電話到工廠敲桌子罵人。可是我跟工廠合一，因為我們是製造產業，我必須跟同仁在一起。

十年前，我沒有固定辦公桌，哪個單位需要督導，我就搬過去。以連接器技術的演進為例，現在鴻海連接器衝壓技術有世界前三名的水準，但十多年前剛引進技術時，常做到半夜還達不到客戶要求。

為了提升技術水準，我曾經將辦公桌放在衝壓生產廠領班的桌子隔壁，監督指導，我跟他們一起改善。我的會議廳就在領班的辦公室，用木板隔出一個小空間。這樣運作六個月，我們將衝壓技術提升至國際水準。到現在我的辦公室仍是隨時移動。上行下效，這就是鴻海文化。我希望不只是現在如此，未來接班的人也是秉持這個精神帶領企業。

執行力要從高層做起、從自己做起。上面這樣做，底下同仁就會跟著做。光談授權未必有用，管理哪有什麼訣竅，主管帶頭做、底下照著做，就是如此。

鴻海管理的特點就是，有功先賞部屬，有過先罰上級。你說我用什麼管理策略，我只有這種方法。

廠辦合一很重要。東芝過去是筆記型電腦製造的領導者，我曾問東芝的朋友，為什麼他們筆記型電腦能做得這麼好，他回答我說，因為他們的產品設計開發人員與製造人員是在同一層樓辦公。因為他們接近，才能培養共同的使命感與文化。

問：在台灣企業家中，你最佩服誰的執行力？

答：要談執行力，王永慶就是最好的執行力代表，再來的人我就不批評了（笑）。

執行力中重要的元素就是毅力，這點我絕對絕對比不上王永慶先生。你看，一個人每天跑五千公尺，持續五十年，這點我就做不到。我想我跑兩個星期就放棄了。光生活習慣就讓我十分佩服。他的企業能屹立不搖，靠的就是執行力。

另外我佩服的一點就是他注重流程。他花很多時間在設計表單與流程上。他曾說過一句名言：任何一個好的科長，經手的表單不論是請假單或請款單，一定要做到六成的退回率（reject rate），因為很多人填表都不實在。在企業裡，任何一個表單如果能做到像進海關填寫那樣明確、詳細，把關嚴格，這點執行力做好，公司競爭力馬上進步。

令人佩服的流程執行力還有很多例子，像麥當勞與UPS（優比速）都是如此。UPS的快遞人員，每天走幾步路、彎幾次腰，在出門前都規定清清楚楚。另外美國的麥當勞，每天開店要花十五分鐘，從第一分鐘到第十五分鐘的流程規定，巨細靡遺。

問：鴻海的工廠開門第一件事是什麼？

答：我們工廠大部分全天運作，所以沒有所謂開門步驟。不過我們執行力多了一份徹底，每個流程都很徹底。訓練徹底的方法就如同古代吳起練兵，殺妃子，以儆效尤。文化的培養過程需要如此，更重要的是上行下效，沒有僥倖。

鴻海每年有幾百位大學生進來，都要到基層生產線上實做兩年，才能步上設計部門。唯有待過基層，你才了解他們的需要與困難，這是展現執行力必經的過程。

問：有些人批評鴻海的管理方式趨近恐怖，你如何看待？

答：這很多都是媒體誇張。我認為其實鴻海的管理是嚴而不苛。我處分的步驟是，錯第一次我口頭提醒，因為不教而誅是不對的。第二次我會鄭重告訴他犯錯，第三次再犯就一定處分。如果我第三次還不處分，往後我說的話都成為耳邊風，部屬不會聽，所以非處分不可。我覺得媒體報導都誇張了。

打不死的蟑螂和地瓜

問：去年鴻海營業額跳增新台幣一千億元，當中是不是也有些特別的執行力展現？

答：凡事沒有僥倖，去年鴻海的表現也不是曇花一現，而是累積十年的執行力。

去年，鴻海在沒有收購任何公司情況下營業能表現優異，除了機運，更是員工打拚的結果。去年景氣不好，加上自己遭逢父喪，同仁仍然努力不懈，締造佳績，我非常感動。

微利時代，執行力更顯重要。鴻海能展現執行力在幾方面：品質、價錢、交貨、快速反應。每位站在工作崗位上的同仁，因為他們的認真執行，讓鴻海營業額快速攀升，這是全世界同仁在同一個文化價值標準上長久累積，共同努力的結果。所以去年的表現絕非找幾個團隊、用取巧方法一年就衝上來，而是延續十年的爆發力。

鴻海自從上市後只做了一次現金增資，沒有收購其他公司，股本一直維持兩百億元，都是盈餘再轉投資，沒有一毛錢是從社會大眾多要的。有人是走順風船，鴻海絕對是打不死的蟑螂和地瓜。

有人問我鴻海股票能不能買，我說看你怎麼看鴻海。你要是看長期，鴻海絕對有實力。三千年後可能魚翅不見了，但地瓜還是很值錢，連葉子都還可以做菜呢！

問：以你強烈的領導風格，當你不在其位時，鴻海如何自處？

答：以我個人之力就能一年做兩千四百多億元營業額，這是不可能的事！大家以為我去年一定為了營業額而勞心，其實都誤解了。事實上，我去年只花三〇％心思在達到營業額目標，其他七〇％是在準備看不到的營業額，也就是未來三到五年需要的事業與技術，我們的腳步已經領先三年。去年由於我個人家裡的事，加上景氣又不好，其實心力交瘁，只給予大方向指導，所以鴻海有這樣的表現很讓我感動。今年我相信，如果我去度六個月的假，公司營業成長依舊。

問：你以軍隊方式帶領鴻海創造傳奇，如果你同樣以嚴格紀律管理研發人員是否行得通？

答：我認為所有工作要有三個壓力：時間、品質與成本。有壓力，才稱得上是工作，不然就是玩耍。

既然工作難逃壓力，就要有一套方法來管理流程，也就是紀律。製造業要紀律，我認為研發更要紀律。我常說，在我的字典裡沒有管理兩字，只有責任。你答應的事本來就要做出來，這種責任心就是研發最重要的紀律。

我們研發的文化，就是紀律加上研發。大家都說鴻海是製造，沒有研發，其實我們一直都有研發，要不是研發人員，鴻海專利數哪能在台灣排名第一？我要強調的是，不是只有科學園區才是研發的模式。

有人說鴻海留不住研發人才，研發融不進鴻海文化，我認為他們不懂高科技。

問：研發需要的是不是無形的紀律？

答：我不認為如此。研發不僅要紀律，比所有部門都更該重視紀律。研發的每個步驟、研究的每個報告分析、研究過程找到的缺失、實驗的辨證，都該有紀律。有人說研發人員不能罵、不能催，我絕不同意。很多謠傳說我常罵人，其實我很少罵人，我只是告訴員工哪裡做錯，若一再犯錯才會處分。我承認我走強勢領導風格，但是領導風格（leadership），不是罵人。

高科技更需要重視紀律。一個人搞研究當然能隨心所欲，但一群人的團隊做研究，沒有工作方法、沒有紀律做得下去嗎？我們要的是能團隊合作的人才，不要天才，因為天才型的研發人員到哪家公司都令人頭痛，天才就讓他留在天上。

朝光機電整合的企業前進

問：如何布局未來五年科技的鴻海？

答：鴻海的下一步，如同台灣的未來，就是走向研發，包括技術、材料與應用方法的研發。

將來鴻海在傳統模具仍會積極投入開發，因為模具是我們一直以來重要的優勢，不能忘本。因此，我們在台北縣投資精密儀器研究所，我認為傳統模具加工到大量生產，中間還有很大的成長空間。

另外，奈米科技也是未來重要趨勢。鴻海發展奈米科技也有一陣子，未來會在台北設立奈米研究所。而在精密機械，包括衝壓射出的研發也會持續。這些都是把本務帶向科技化。

近年我們也投資薄膜電晶體液晶顯示器（TFT-LCD）與半導體設備製造。政府正推動科技「兩兆雙星」計畫，八吋晶圓製造我們比不過台積電、聯電，但我們做半導體設備製造，我認為這是台灣科技業將來該走的方向。

另外液晶顯示器（LCD）是兩兆雙星的重點之一。大家都說ＬＣＤ現在價格競爭激烈不能做，我則反向思考，就是微利，我們才要跳進去做，因為我們的價格絕對有競爭力。靠我們的效率以及紀律，我相信製造成本一定可以給競爭對手不少壓力。「由簡入奢易、由奢入簡難，」我們是窮苦起家，在我看來，科技園區許多產業在降低成本、改善品質上仍有許多空間，我們選擇從ＬＣＤ切入科技市場。

在電子方面，我們雖然起步較晚，但逐步開始。加上ＬＣＤ，鴻海未來的方向將是成為光機電整合的企業。生化科技我們不懂，我們絕不會涉獵我們不懂的領域。

問：鴻海要進入TFT-LCD市場，但現在市場競爭者眾，包括三星、LG等產能都很大，鴻海有哪些優勢？

答：大家都說ＰＣ市場飽和，我們都還有錢賺。所以，回頭看ＬＣＤ市場絕對尚未飽和，機會才開始。ＴＦＴ是玻璃製程工業，跟半導體製造不同；ＩＣ愈做愈小，ＴＦＴ要愈做愈大。製造規模愈大，愈接近機械工業，愈做愈小，愈接近物理與材料工業。做ＴＦＴ需要精確地搬運、切割，我相信鴻海有把握。

我不是笨人，我們內部所有人都叫我別去做ＴＦＴ，但如果市場飽和，政府為何還獎勵？韓國與台灣的情況不同，韓國有政府大力推動與內需市場，台灣是自由競爭。ＬＣＤ為何只有三家競爭？我相信只要掌握成本與品質，優勝劣敗，這也是我的挑戰，絕非嘴巴講講就做得到，我們也花很多時間準備，這是一大挑戰。廠房將在五月二十一日動工。

問：LCD產業裡，材料占很大比例的成本結構，鴻海這方面是否也規劃自己生產彩色濾光片等材料？

答：鴻海應該會一步一步做下去。只要台灣與韓國、日本良性競爭，我覺得這個行業就能接納我，而我也能在市場生存。我認為鴻海的執行力應該能在這行業占有一席之地。

問：你給鴻海幾年時間達成科技鴻海的目標？

答：科技不見得顯現在科技產品才是科技。傳統製造業也能引進科技，提升效率，例如，利用雷射來切割達到精確，把製造改進得更有效率，還有利用奈米技術製造模具。

你問鴻海何時達成科技鴻海的目標，我認為永無止境。因為我們要不斷超越競爭對手，別人先走兩步，我就要多走三步。我們把科技加入製造的比例不斷提升，這是知識經濟的根本。相信在短時間內，科技比重會在我們產品中占大量。專利權的領先，是我們傳統製造者轉為科技製造者的證明。

問：面對未來，你有什麼隱憂或挑戰？

答：我沒有隱憂，只有挑戰。六年後我要退休，我訂的目標自己要做到，這就是我的挑戰。很多人都不相信我六年後要退休，大家不相信的事我一定要做到！

問：你怎麼看自己的優缺點，如何描述自己？

答：我講的是理、情、法。先講理、再講情、最後才談法。任何人要跟我溝通，要先跟我講道理，而且是雙方認知相同的道理。公司最高的利益就是我的道理，公司所有同仁跟我溝通也是依據此理。再講情，萬不得已才會搬出法紀。

我的缺點就是比較沒有耐心。所以我開除同仁後常感到後悔，就是因為我沒耐心聽完對方解釋。所以沒有耐心是我重要的缺點，我希望將來能改善。

第二個缺點（沉思許久），我常常花很多時間在矯正同仁們的錯誤，而沒花時間在鼓勵他們的優點。這點我時常懷疑是我的優點，還是缺點。也許是中西文化上的不同，我覺得這個人就是因為我愛他，才說他的缺點；外人會鼓勵你的優點，只有自家人才會誠懇點出你的缺點。但大部分的人還是期待鼓勵，所以這方面我也不斷在思考。

我第三個缺點就是直話直說。造成現在別人不願扮的壞人都叫我去做，讓我現在常當壞人，萬劫不復！

逆境才是學習、成長的機會

問：你很謙虛，都不談自己的優點。

答：我沒什麼優點，唯一的優點就是「勤能補拙」。勤能補拙的原因，來自於我自認為是個負責任的人，該做到的就要努力達成。人笨沒有關係，重要的是有責任、有智慧的心。現在聰明人太多了，肯負責、有智慧的人太少。

問：所以你贊同成敗論英雄？

答：我認為有責任心的人遇到困難，會主動去改變，就會成功。所以我的答案是：yes，但責任心才是根本。

問：在職場上，你給現在年輕人什麼建議？

答：我認為年輕人不論做任何事，要有責任心。第二，一定要學會面對困難、挫折與挑戰。第三，說到就要做到。

現在很多年輕人說起話來洋洋灑灑，但做得很少。在職場上，年輕人一定要實做，到工作現場從基層做起。挑老闆的時候，對你愈嚴厲、愈兇的人，你愈要跟，真的。好像有一句話，「錢多事少離家近，睡覺睡到自然醒，」如果我的孩子面對工作存這種心態，我隔天就打斷他的腿。

我覺得人生的價值就是有用。大家都聽說郭老闆很兇，而不敢靠近，現在如果有哪個年輕人敢寫信來要求幫郭老闆提皮包，這種年輕人才具上進的胸襟。順境的人生誰都會走，只是速度快慢。人一定要學著走逆境，而且愈年輕愈好！因為有逆境才是你真正學習的機會、成長的機會。

我這輩子都在走逆境。現在前方的路如果沒有逆境，我還不過癮！

社會人文 BGB475

你知道的遠比你想像的少

國家圖書館出版品預行編目(CIP)資料

你知道的遠比你想像的少 / 王力行著. -- 第一版. -- 臺北市：遠見天下文化, 2019.06
面； 公分. -- (社會人文；BGB475)
ISBN 978-986-479-763-9 (平裝)

1.言論集 2.訪談

078 108009927

作 者 ── 王力行

事業群發行人／CEO／總編輯 ── 王力行
資深行政副總編輯 ── 吳佩穎
責任編輯 ── 陳珮真
封面設計 ── 張議文

出版者 ── 遠見天下文化出版股份有限公司
創辦人 ── 高希均、王力行
遠見・天下文化・事業群 董事長 ── 高希均
事業群發行人／CEO ── 王力行
天下文化社長／總經理 ── 林天來
國際事務開發部兼版權中心總監 ── 潘欣
法律顧問 ── 理律法律事務所陳長文律師
著作權顧問 ── 魏啟翔律師
社址 ── 臺北市 104 松江路 93 巷 1 號
讀者服務專線 ── 02-2662-0012 ｜ 傳真 ── 02-2662-0007；02-2662-0009
電子郵件信箱 ── cwpc@cwgv.com.tw
直接郵撥帳號 ── 1326703-6 遠見天下文化出版股份有限公司

電腦排版 ── 極翔企業有限公司
製版廠 ── 東豪印刷事業有限公司
印刷廠 ── 中康彩色印刷事業股份有限公司
裝訂廠 ── 中原造像股份有限公司
登記證 ── 局版台業字第 2517 號
總經銷 ── 大和書報圖書股份有限公司 電話／(02)8990-2588
出版日期 ── 2019 年 6 月 28 日第一版
2019 年 10 月 17 日第一版第 2 次印行

定價 ── NT 380 元
ISBN ── 978-986-479-763-9
書號 ── BGB475
天下文化官網 ── bookzone.cwgv.com.tw